Curso
MAD360

*La diferencia entre aprobar
y sacar plaza*

Celador/a

SERVICIO DE SALUD DEL PRINCIPADO DE ASTURIAS

Si aún no dispones de tu **Curso MAD360**, te ofrecemos un acceso GRATIS de 30 días para que disfrutes de los siguientes recursos:

AF212311

- Técnicas de Memoria 360.
- MADTEST: Test *online* Nivel PRO.
- Temario en formato digital.
- Vídeos.
- Esquemas.
- Planificación de estudio.
- Foro entre opositores hasta la fecha del examen.*
- Recursos y novedades exclusivas.
- Consúltanos sobre tu oposición y proceso selectivo.
- Actualizaciones legislativas (Boletines Oficiales) hasta 60 días antes de la fecha del examen.*

Para acceder a esta prueba del Curso MAD360** será necesaria la compra de todos los libros para esta especialidad de la edición 2026.

Regístrate en **mad.es/iniciar-sesion** y, en la pestaña **MIS CURSOS**, valida los códigos que encontrarás en la última página de tus libros. Recuerda que dispones de un plazo de **45 días desde la fecha de compra** para realizar la validación. Si no verificas tu matrícula, el periodo de uso del curso comenzará a contar aunque no hayas accedido.

NOTA IMPORTANTE:

* Examen de esta categoría profesional correspondiente a la convocatoria publicada en el BOPA núm. 20, de 30 de enero de 2026, o hasta el 31 de marzo de 2027, lo que se cumpla antes, y previa renovación del servicio.

** El acceso al CURSO MAD360 estará disponible desde marzo de 2026 (algunos recursos podrían estar disponibles en fecha posterior). Tendrá una duración de 30 días RENOVABLES mediante pago, desde la validación de códigos, o hasta el 30 de septiembre de 2027, lo que se cumpla antes.

MAD se reserva el derecho a ampliar dichas fechas.

Celador/a
del Servicio de Salud del
Principado de Asturias

Marzo, 2026

Celador/a
del Servicio de Salud del
Principado de Asturias

Test del temario

Autores

TERESA MARÍA TORRES FONSECA
Licenciada en Derecho

JOSÉ LUIS GARRIDO VELA
Licenciado en Derecho

LIDIA PONCE MARTÍNEZ
Licenciada en Psicología

FRANCISCO JESÚS TORRES FONSECA
Licenciado en Derecho

ELENA GARCÍA FERNÁNDEZ
Licenciada en Derecho

DOMINGO GÓMEZ MARTÍNEZ
Licenciado en Derecho
Técnico de Función Administrativa

CARMEN ROSA JUNQUERA VELASCO
Diplomada Universitaria en Enfermería

LUIS SILVA GARCÍA
Diplomado Universitario en Enfermería

MANUEL ALÉS REINA
Diplomado Universitario en Enfermería

M.ª DEL CARMEN SILVA GARCÍA
Diplomada Universitaria en Enfermería
Técnica Especialista de Laboratorio

M.ª JOSÉ GARCÍA BERMEJO
Licenciada en Biología
Técnico Superior en Laboratorio de Diagnóstico Clínico

HERMINIA ANDRADES ROMERO
Diplomada en Fisioterapia
Técnica Superior en Imagen para el Diagnóstico
Técnica Superior en Laboratorio de Análisis Clínico
Prevencionista de Riesgos laborales (grado intermedio)
Auxiliar de Enfermería
Profesora de Procedimientos de Diagnósticos Clínicos y
Productos Ortoprotésicos y Profesora de Procedimientos
Sanitarios y Asistenciales

© 7 Editores Recursos para la Cualificación Profesional y el Empleo, S.L. (7 Editores)
© Los autores
Primera edición, marzo 2026 (172 páginas)
Derechos de edición reservados a favor de 7 Editores
IMPRESO EN ESPAÑA
Diseño Portada: 7 Editores
Edita: 7 Editores
Avda. San Francisco Javier, 9 · Edificio Sevilla 2 · Planta 11 · Módulos 25-27 · 41018 Sevilla
Teléfono: 954 784 411 · WEB: www.mad.es · e-mail: administracion@7editores.com
ISBN: 979-13-702-8611-8
© "Editorial Mad" y "Eduforma" son nombres comerciales registrados de
7 Editores Recursos para la Cualificación Profesional y el Empleo, S.L.

Índice

PARTE GENERAL

PARTE ESPECÍFICA

PARTE GENERAL

La Constitución Española de 1978: El derecho a la protección de la salud en la Constitución

1. ¿En qué parte de la Carta Magna se establece la exposición de motivos que impulsan la norma constitucional y los objetivos que con ella se pretenden alcanzar?

a) En el Título Preliminar.
b) En el Preámbulo.
c) En el Título I.
d) En el Título II.

2. La Constitución Española fue sancionada por:

a) El Rey.
b) El Presidente del Congreso.
c) Las Cortes Generales.
d) El Presidente del Gobierno.

3. ¿Cuáles de los siguientes españoles de origen pueden ser privados de su nacionalidad?

a) Exclusivamente los miembros de grupos terroristas.
b) Los miembros de grupos terroristas y los que atenten contra el Rey u otro miembro de la Casa Real.
c) Los que atenten contra un miembro de la Familia Real o del Gobierno de la Nación.
d) Ningún español de origen podrá ser privado de su nacionalidad.

4. Según la CE son fundamentos del orden político y la paz social:

a) La dignidad de la persona, los derechos violables que les son inherentes y el respeto a la ley.
b) La dignidad de la persona, el desarrollo limitado de la personalidad y el respeto a la ley.
c) El respeto a la ley, a los reglamentos administrativos y demás disposiciones legales.
d) La dignidad de la persona, los derechos inviolables que le son inherentes, el libre desarrollo de su personalidad, el respeto a la ley y a los derechos de los demás.

5. ¿Cuál de los siguientes es considerado por la CE como uno de los valores superiores del ordenamiento jurídico?

a) La jerarquía normativa.
b) El pluralismo político.
c) La publicidad normativa.
d) La equidad.

6. La forma política del Estado español es:

a) Democracia parlamentaria.
b) Gobierno parlamentario.
c) Monarquía parlamentaria.
d) República democrática.

7. La parte de la CE que regula la estructura de los principales órganos del Estado recibe el nombre de:

a) Parte dogmática.
b) Parte orgánica.
c) Parte estatal.
d) Parte estructural.

8. Según la CE, la soberanía nacional:

a) Corresponde a las Cortes Generales, al estar compuestas por los representantes del pueblo.
b) Corresponde al Rey.
c) Reside en el pueblo español.
d) Corresponde al Gobierno de la Nación elegido directamente por el pueblo.

9. El derecho a la propiedad en nuestra Constitución es un Derecho:

a) Inherente a la condición humana.
b) Absoluto.
c) Limitado por la función social de la misma.
d) Ninguna de las respuestas anteriores es correcta.

10. ¿En qué parte de la Carta Magna se señalan los valores superiores del ordenamiento jurídico?

a) En el Preámbulo.
b) En el Título Preliminar.
c) En el Título I.
d) Ninguna respuesta es correcta.

11. El principio en virtud del cual el ciudadano está amparado por una legislación no sujeta a continuos vaivenes es el de:

a) Legalidad.
b) Publicidad normativa.
c) Seguridad jurídica.
d) Jerarquía normativa.

12. El principio en virtud del cual un Reglamento no puede contradecir una ley es el de:

a) Legalidad.
b) Jerarquía normativa.
c) Las respuestas a) y b) son correctas.
d) Seguridad jurídica.

13. Según la Constitución, una norma que imponga una nueva pena más leve para un delito:

a) No se aplica retroactivamente.
b) Puede aplicarse retroactivamente.
c) Ha de ser reglamentaria.
d) Atenta contra el principio de legalidad penal si se aplica retroactivamente.

14. Todos los españoles, respecto al castellano, tienen el:

a) Derecho-deber de conocerlo.
b) Derecho de usar y deber de conocerlo.
c) Derecho-deber de usarlo.
d) Nada de lo anterior.

15. La capital del Estado en España es:

a) La propia de cada Comunidad Autónoma.
b) La villa de Madrid.
c) Aquella donde se establezca en cada momento el Gobierno de la Nación.
d) Aquella en la que resida generalmente el Rey.

16. El derecho a la vida se consagra en el siguiente artículo de la Constitución:

a) 10.
b) 16.
c) 15.
d) 24.

17. La pena de muerte en España:

a) Ha quedado abolida.
b) Puede aplicarse en cualquier momento.

c) Solo se aplicará, en tiempo de guerra, a los militares.
d) Rige solo en el ámbito civil.

18. La inmediata puesta a disposición judicial derivada del habeas corpus, se produce por:

a) Detención ilegal.
b) Prisión ilegal.
c) Prisión preventiva.
d) Detención preventiva.

19. El proceso en el que se enjuicie a un presunto delincuente debe:

a) Ser sumario.
b) No dilatarse.
c) Entorpecer los instrumentos probatorios.
d) Nada de lo anterior es cierto.

20. La entrada en un domicilio en caso de flagrante delito, sin autorización de su titular:

a) Puede dar lugar a la aplicación del habeas corpus.
b) Requiere autorización previa de la autoridad judicial.
c) Puede efectuarse en todo momento.
d) No puede realizarse en momento alguno.

En MADTEST tienes **más preguntas de este tema**, y todos tus avances quedan registrados y se reflejan en el ranking.

¡Supera tus límites con MADTEST!

Solución al test n.º 1

1. b) En el Preámbulo.

2. a) El Rey.

3. d) Ningún español de origen podrá ser privado de su nacionalidad.

4. d) La dignidad de la persona, los derechos inviolables que le son inherentes, el libre desarrollo de su personalidad, el respeto a la ley y a los derechos de los demás.

5. b) El pluralismo político.

6. c) Monarquía parlamentaria.

7. b) Parte orgánica.

8. c) Reside en el pueblo español.

9. c) Limitado por la función social de la misma.

10. b) En el Título Preliminar.

11. c) Seguridad jurídica.

12. c) Las respuestas a) y b) son correctas.

13. b) Puede aplicarse retroactivamente.

14. b) Derecho de usar y deber de conocerlo.

15. b) La villa de Madrid.

16. c) 15.

17. a) Ha quedado abolida.

18. a) Detención ilegal.

19. b) No dilatarse.

20. c) Puede efectuarse en todo momento.

TEST N.º 2

Ley 14/1986, de 25 de abril, General de Sanidad. Sistema Nacional de Salud: el derecho a la protección de la salud (Título Preliminar). Estructura del sistema sanitario público (Título III)

1. ¿De cuántos Títulos consta la Ley General de Sanidad?

a) Cuatro.
b) Cinco.
c) Seis.
d) Siete.

2. ¿En qué Título de la Ley General de Sanidad, se regula la estructura del sistema sanitario público?

a) Título I.
b) Título II.
c) Título III.
d) Título IV.

3. Las Áreas de Salud serán dirigidas por un órgano propio, donde deberán participar las Corporaciones Locales en ellas situadas, con una representación no inferior al:

a) 20 %.
b) 30 %.
c) 40 %.
d) 50 %.

4. Los Consejos de Salud de Área estarán constituidos por organizaciones sindicales más representativas, en una proporción no inferior al:

a) 25 %.
b) 30 %.
c) 40 %.
d) 50 %.

5. Entre las características fundamentales del Sistema Nacional de Salud, no se encuentra:

a) La extensión de sus servicios a toda la población.
b) La coordinación y, en su caso, la integración de todos los recursos sanitarios públicos en tres dispositivos únicos (estatal, autonómico y local).
c) La prestación de una atención integral de la salud procurando altos niveles de calidad debidamente evaluados y controlados.
d) Todas son correctas.

6. ¿En cuántos niveles organizativos se divide el sistema sanitario español?

a) Tres: central, autonómico y áreas de salud.
b) Dos: central y autonómico.
c) Central, del que derivan el autonómico y local.
d) Únicamente el central.

7. Para la delimitación de las zonas básicas no deberá tenerse en cuenta:

a) El grado de concentración o dispersión de la población.
b) Las características epidemiológicas de la zona.
c) Las instalaciones y recursos sanitarios de la zona.
d) Las distancias mínimas de las agrupaciones de población más cercanas de los servicios y el tiempo normal a invertir en su recorrido usando los medios ordinarios.

8. El Título II de la Ley General de Sanidad, regula:

a) El sistema de salud.
b) La estructura del sistema sanitario público.
c) Las actividades sanitarias privadas.
d) Ninguna es correcta.

9. Las acciones de coordinación y cooperación de las Administraciones Públicas sanitarias, no comprenderán:

a) Las prestaciones sanitarias.
b) La farmacia.
c) Los profesionales.
d) La salud privada.

10. ¿Cuál de las siguientes no es una característica del modelo establecido por la Ley General de Sanidad?

a) Descentralización.
b) Atención Primaria.

c) Gratuidad.

d) Participación de la Comunidad.

11. Señala la respuesta incorrecta. Son características fundamentales del Sistema Nacional de Salud:

a) La extensión de sus servicios a toda la población.

b) La coordinación y, en su caso, la integración de todos los recursos sanitarios públicos en un dispositivo único.

c) La prestación de una atención integral de la salud procurando altos niveles de calidad debidamente evaluados y controlados.

d) La financiación exclusiva de las obligaciones sanitarias por los ciudadanos.

12. En el ámbito de la Atención Primaria, las Áreas de Salud deberán desarrollar las siguientes actividades:

a) Fórmulas de trabajo en equipo.

b) Programas para la promoción de la salud.

c) Programas para prevención, curación y rehabilitación de los enfermos.

d) Todas son correctas.

13. La Ley 14/1986, de 25 de abril, General de Sanidad, establece que las piezas básicas de los Servicios de Salud de las Comunidades Autónomas son:

a) Las Áreas de Salud.

b) Los Distritos Sanitarios.

c) Las Comarcas Sanitarias.

d) Las Zonas de Salud.

14. ¿Cuál es el órgano de dirección de las Áreas de Salud?

a) El Consejo de dirección de área.

b) El Gerente de área.

c) El Consejo de salud de área.

d) La Comisión de salud de área.

15. ¿Qué principio contemplado en la Ley General de Sanidad dispone que en cada Comunidad Autónoma se constituirá un Servicio de Salud integrado por todos los centros, servicios y establecimientos de la propia Comunidad, Diputaciones, Ayuntamientos y cualesquiera otras Administraciones territoriales intracomunitarias, que estará gestionado bajo la responsabilidad de la respectiva Comunidad Autónoma?

a) El principio de solidaridad sanitaria.

b) El principio de responsabilidad.

c) El principio de coordinación.

d) El principio de integración.

16. Como regla general, y sin perjuicio de las excepciones a que hubiera lugar, atendidos los factores geográficos, socioeconómicos, demográficos, laborales, epidemiológicos, culturales, climatológicos y de dotación de vías y medios de comunicación, el área de salud extenderá su acción a una población:

a) No inferior a 100.000 habitantes ni superior a 150.000.
b) No inferior a 150.000 habitantes ni superior a 200.000.
c) No inferior a 200.000 habitantes ni superior a 250.000.
d) No inferior a 250.000 habitantes ni superior a 300.000.

17. ¿Cuál es el órgano de participación de las Áreas de Salud?

a) El Consejo de dirección de área.
b) El Gerente de área.
c) El Consejo de salud de área.
d) La Comisión de salud de área.

18. ¿Cuál es el órgano de gestión de las Áreas de Salud?

a) El Consejo de dirección de área.
b) El Gerente de área.
c) El Consejo de salud de área.
d) La Comisión de salud de área.

19. Señala cuál de los siguientes no es uno de los seis ámbitos de colaboración entre las Administraciones públicas sanitarias definidas por Ley 16/2003:

a) Calidad del sistema sanitario.
b) Los pacientes.
c) La farmacia.
d) El sistema de información sanitaria.

20. ¿Cómo se denomina el órgano del Ministerio de Sanidad al que se encomienda el desarrollo de las actividades necesarias para el funcionamiento del sistema de información sanitaria?

a) Instituto de Información Sanitaria.
b) Consejo Interterritorial del Sistema Nacional de Salud.
c) Observatorio del Sistema Nacional de Salud.
d) Agencia de Información del Sistema Nacional de Salud.

En MADTEST tienes **más preguntas de este tema**, y todos tus avances quedan registrados y se reflejan en el ranking.

¡Supera tus límites con MADTEST!

Solución al test n.º 2

1. d) Siete.

2. c) Título III.

3. c) 40 %.

4. a) 25 %.

5. b) La coordinación y, en su caso, la integración de todos los recursos sanitarios públicos en tres dispositivos únicos (estatal, autonómico y local).

6. a) Tres: central, autonómico y áreas de salud.

7. d) Las distancias mínimas de las agrupaciones de población más cercanas de los servicios y el tiempo normal a invertir en su recorrido usando los medios ordinarios.

8. d) Ninguna es correcta.

9. d) La salud privada

10. c) Gratuidad.

11. d) La financiación exclusiva de las obligaciones sanitarias por los ciudadanos.

12. d) Todas son correctas.

13. a) Las Áreas de Salud.

14. a) El Consejo de dirección de área.

15. d) El principio de integración.

16. c) No inferior a 200.000 habitantes ni superior a 250.000.

17. c) El Consejo de salud de área.

18. b) El Gerente de área.

19. b) Los pacientes.

20. a) Instituto de Información Sanitaria.

Ley 31/1995, de 8 de noviembre, de Prevención de Riesgos Laborales: Derechos y obligaciones (Capítulo III). Consulta y participación de los trabajadores (Capítulo V)

1. ¿Cuál es la vigente Ley de Prevención de Riesgos Laborales?

a) Ley 32/1995, de 8 de noviembre.
b) Ley 30/1996, de 8 de noviembre.
c) Ley 31/1995, de 6 de noviembre.
d) Ley 31/1995, de 8 de noviembre.

2. La Ley de Prevención de Riesgos laborales, tiene por objeto:

a) Prevenir los accidentes en general.
b) Evitar riesgos en el recorrido al puesto de trabajo.
c) Promover la seguridad y la salud de los trabajadores.
d) Que cada vez haya menos accidentes de tráfico.

3. ¿Qué se entiende por "riesgo laboral"?

a) La posibilidad de que un trabajador sufra un determinado daño derivado del trabajo.
b) La posibilidad de que un trabajador sufra una enfermedad en el trabajo.
c) La posibilidad de que un trabajador sufra acoso.
d) El riesgo que supone el ir a trabajar.

4. Indica cuál es la definición de prevención:

a) La probabilidad racional de que un riesgo se materialice de forma inminente.
b) El estudio de los procesos potencialmente peligrosos para el trabajo.
c) Conjunto de actividades o medidas adoptadas o previstas en todas las fases de actividad de la empresa con el fin de evitar o disminuir los riesgos derivados del trabajo.
d) Posibilidad de que un trabajador sufra un determinado daño derivado del trabajo.

5. Según establece el art. 4 de la Ley 31/1995, de 8 de noviembre, de Prevención de Riesgos Laborales, se define como daños derivados del trabajo:

a) La posibilidad de que un trabajador sufra un determinado daño derivado del trabajo.

b) El que resulte probable racionalmente que se materialice en un futuro inmediato y pueda suponer y pueda suponer un daño grave para la salud de los trabajadores.

c) Las enfermedades, patologías o lesiones sufridas con motivo u ocasión del trabajo.

d) Cualquier máquina, aparato, instrumento o instalación utilizada en el trabajo.

6. Señale la respuesta incorrecta:

a) La Ley de Prevención de Riesgos Laborales se aplica a los operativos de Seguridad civil en casos de catástrofe.

b) La Ley de Prevención de Riesgos Laborales se aplica a las sociedades cooperativas.

c) En el ámbito de la relación laboral de carácter especial del servicio del hogar familiar, las personas trabajadoras tienen derecho a una protección eficaz en materia de seguridad y salud en el trabajo.

d) En los establecimientos penitenciarios, se adaptarán a la Ley de Prevención de Riesgos Laborales aquellas actividades cuyas características justifiquen una regulación especial.

7. Para calificar un riesgo desde el punto de vista de su gravedad, se valorarán conjuntamente la severidad del daño y:

a) La probabilidad de que se produzca.

b) La cantidad de trabajadores de la empresa.

c) La existencia o no de equipos individuales de protección.

d) Las condiciones de trabajo.

8. El derecho básico reconocido a los trabajadores por la Ley 31/1995, de 8 de noviembre, es:

a) La vigilancia de su estado de salud.

b) Una protección eficaz en materia de seguridad y salud en el trabajo.

c) La formación en materia preventiva.

d) La información, consulta y participación.

9. Entre los principios de la acción preventiva recogidos por el artículo 15 de la Ley de Prevención de Riesgos Laborales, no figura:

a) Evitar los riesgos.

b) Evaluar los riesgos que se puedan evitar.

c) Tener en cuenta la evolución de la técnica.

d) Dar las debidas instrucciones a los trabajadores.

10. En el marco de sus responsabilidades, el empresario realizará la prevención de los riesgos laborales mediante la integración en la empresa de:

a) Los equipos de protección individual.

b) Los Servicios de Prevención propios.

c) La actividad preventiva.
d) La normativa comunitaria.

11. Los instrumentos esenciales para la gestión y aplicación del Plan de prevención de riesgos laborales son:

a) La evaluación de riesgos y la planificación de la actividad preventiva.
b) La evaluación inicial de riesgos y la formación.
c) La planificación y la gestión de la actividad preventiva.
d) La identificación y la evaluación de los riesgos.

12. En relación a la vigilancia de la salud que ha de garantizar el empresario, el acceso a la información médica de carácter personal:

a) Se limitará al empresario y a los Servicios de Prevención propios.
b) Se limitará al Jefe inmediato del trabajador.
c) Sólo será accesible al propio trabajador.
d) Se limitará al personal médico y a las autoridades sanitarias que lleven a cabo la vigilancia.

13. Según la Ley de Prevención de Riesgos Laborales, es obligación de los trabajadores en materia de prevención de riesgos:

a) La protección eficaz en materia de seguridad y salud en el trabajo.
b) Utilizar correctamente los medios y equipos de protección facilitados por el empresario, de acuerdo con las instrucciones recibidas de éste.
c) Soportar el coste de las medidas relativas a la seguridad y la salud en el trabajo.
d) Desarrollar una acción permanente de seguimiento de la actividad preventiva.

14. Cuando los trabajadores estén expuestos a un riesgo grave e inminente con ocasión de su trabajo, y el empresario no adopte o no permita la adopción de las medidas necesarias para garantizar la seguridad y la salud de los trabajadores, la Ley 31/1995, de 8 de noviembre, de Prevención de Riesgos Laborales prevé que:

a) Los trabajadores afectados podrán paralizar la actividad.
b) El órgano de representación del personal instará formalmente al empresario a la adopción de las medidas necesarias.
c) Los Delegados de Prevención lo comunicarán a la autoridad laboral, que adoptará las medidas necesarias.
d) El órgano de representación de personal podrá acordar la paralización de la actividad.

15. El art. 23 de la LPRL establece la documentación que el empresario debe elaborar y conservar a disposición de la autoridad laboral. De las siguientes no está incluido:

a) El Plan de prevención de riesgos laborales.
b) Evaluación de los riesgos para la seguridad y la salud en el trabajo.

c) La planificación de la actividad laboral.

d) La relación de accidentes de trabajo y enfermedades profesionales que hayan causado al trabajador una incapacidad laboral superior a un día de trabajo.

16. El posible cambio de puesto de trabajo con riesgo para una trabajadora embarazada:

a) Deberá realizarse en caso de imposibilidad de adaptación del propio puesto.

b) Se hará previo informe en tal sentido del Servicio de Prevención.

c) Se determinará por el empresario, y dará información a los representantes de los trabajadores.

d) Se extenderá al período de lactancia.

17. ¿Cuándo se deben utilizar los equipos de protección individual?

a) Siempre.

b) Cuando los riesgos no hayan sido evaluados.

c) Cuando los riesgos no se puedan evitar o no puedan limitarse.

d) Cuando el trabajador lo estime oportuno.

18. Las trabajadoras embarazadas ¿tienen derecho a ausentarse del trabajo para la realización de exámenes prenatales y técnicas de preparación al parto?

a) Sí, con derecho a remuneración, previo aviso al empresario y justificación de la necesidad de su realización dentro de la jornada de trabajo.

b) Sí, con derecho a remuneración, sin necesidad de avisar al empresario ni justificar la necesidad de su realización dentro de la jornada de trabajo.

c) Sí, sin derecho a remuneración, previo aviso al empresario y justificación de la necesidad de su realización dentro de la jornada de trabajo.

d) No, en ningún caso.

19. En las empresas de hasta 30 trabajadores el Delegado de Prevención será:

a) El propio empresario.

b) El trabajador más antiguo.

c) El trabajador de mayor cualificación.

d) El delegado de personal.

20. Según la Ley de Prevención de Riesgos Laborales, se constituirá un Comité de Seguridad y Salud en todas las empresas o centros de trabajo que cuenten con:

a) 30 o más trabajadores.

b) 50 o más trabajadores.

c) 75 o más trabajadores.
d) 100 o más trabajadores.

En MADTEST tienes **más preguntas de este tema**, y todos tus avances quedan registrados y se reflejan en el ranking.

¡Supera tus límites con MADTEST!

Solución al test n.º 3

1. d) Ley 31/1995, de 8 de noviembre.

2. c) Promover la seguridad y la salud de los trabajadores.

3. a) La posibilidad de que un trabajador sufra un determinado daño derivado del trabajo.

4. c) Conjunto de actividades o medidas adoptadas o previstas en todas las fases de actividad de la empresa con el fin de evitar o disminuir los riesgos derivados del trabajo.

5. c) Las enfermedades, patologías o lesiones sufridas con motivo u ocasión del trabajo.

6. a) La Ley de Prevención de Riesgos Laborales se aplica a los operativos de Seguridad civil en casos de catástrofe.

7. a) La probabilidad de que se produzca.

8. b) Una protección eficaz en materia de seguridad y salud en el trabajo.

9. b) Evaluar los riesgos que se puedan evitar.

10. c) La actividad preventiva.

11. a) La evaluación de riesgos y la planificación de la actividad preventiva.

12. d) Se limitará al personal médico y a las autoridades sanitarias que lleven a cabo la vigilancia.

13. b) Utilizar correctamente los medios y equipos de protección facilitados por el empresario, de acuerdo con las instrucciones recibidas de éste.

14. d) El órgano de representación de personal podrá acordar la paralización de la actividad.

15. c) La planificación de la actividad laboral.

16. a) Deberá realizarse en caso de imposibilidad de adaptación del propio puesto.

17. c) Cuando los riesgos no se puedan evitar o no puedan limitarse.

18. a) Sí, con derecho a remuneración, previo aviso al empresario y justificación de la necesidad de su realización dentro de la jornada de trabajo.

19. d) El delegado de personal.

20. b) 50 o más trabajadores.

Ley Orgánica 3/2018, de 5 de diciembre, de Protección de Datos Personales y garantía de los derechos digitales: objeto, ámbito de aplicación y datos personas fallecidas (Título I); Principios de la protección de datos (Título II). Derechos de las personas (Título III). Ley 41/2002, de 14 de noviembre, Básica Reguladora de la Autonomía del Paciente y Derechos y Obligaciones en Materia de Información y Documentación Clínica. Derecho a la información sanitaria (Capítulo II), Derecho a la intimidad (Capítulo III), Historia clínica: usos y derecho de acceso (Capítulo V: Artículos 16 y 18)

1. La Ley Orgánica 3/2018, de 5 de diciembre, de Protección de Datos Personales y garantía de los derechos digitales, no será de aplicación a los tratamientos sometidos a la normativa sobre protección de materias:

a) Secretas.
b) Prohibidas.
c) Privadas.
d) Clasificadas.

2. Los tratamientos a los que no sea directamente aplicable el Reglamento (UE) 2016/679 por afectar a actividades no comprendidas en el ámbito de aplicación del Derecho de la Unión Europea, se regirán por lo dispuesto en:

a) La Ley Orgánica 3/2018, de 5 de diciembre y supletoriamente por lo establecido en el citado reglamento y su legislación específica si la hubiere.
b) Lo establecido en el citado reglamento y supletoriamente por la Ley Orgánica 3/2018, de 5 de diciembre y su legislación específica si la hubiere.
c) Su legislación específica si la hubiere y supletoriamente por lo establecido en el citado reglamento y en la Ley Orgánica 3/2018, de 5 de diciembre.
d) Lo establecido en el citado reglamento y en la Ley Orgánica 3/2018, de 5 de diciembre y supletoriamente por su legislación específica si la hubiere.

3. El artículo 10 de la Ley Orgánica 3/2018, de 5 de diciembre, de Protección de Datos Personales y garantía de los derechos digitales, regula el tratamiento de datos de naturaleza penal, disponiendo en su apartado tercero que fuera de los supuestos señalados en los apartados anteriores, los tratamientos de datos referidos a condenas e infracciones penales, así como a procedimientos y medidas cautelares y de seguridad conexas solo serán posibles cuando sean llevados a cabo por:

a) Jueces y fiscales.
b) Los Juzgados de lo Penal.
c) Abogados y procuradores.
d) Jueces y abogados.

4. El registro completo de los datos referidos a condenas e infracciones penales podrá realizarse conforme con lo establecido en la regulación de:

a) El Derecho Comunitario.
b) El Sistema de registros administrativos de apoyo a la Administración de Justicia.
c) Los sistemas de información del responsable.
d) Los derechos relacionados con las decisiones individuales automatizadas.

5. Señala la afirmación incorrecta:

a) Cuando se pretenda fundar el tratamiento de los datos en el consentimiento del afectado para una pluralidad de finalidades será preciso que conste de manera específica e inequívoca que dicho consentimiento se otorga para todas ellas.
b) Los responsables y encargados del tratamiento de datos, así como todas las personas que intervengan en cualquier fase de este estarán sujetas al deber de confidencialidad al que se refiere el artículo 5.1.f) del Reglamento (UE) 2016/679.
c) El tratamiento de datos personales relativos a condenas e infracciones penales, así como a procedimientos y medidas cautelares y de seguridad conexas, para fines distintos de los de prevención, investigación, detección o enjuiciamiento de infracciones penales o de ejecución de sanciones penales, solo podrá llevarse a cabo cuando se encuentre amparado en una norma con rango de ley orgánica.
d) El deber de secreto profesional se mantendrán aun cuando hubiese finalizado la relación del obligado con el responsable o encargado del tratamiento.

6. A los efectos establecidos en el artículo 12.5 del Reglamento (UE) 2016/679 se podrá considerar repetitivo el ejercicio del derecho de acceso en más de una ocasión durante el plazo de:

a) Un mes, a menos que exista causa legítima para ello.
b) Tres meses, a menos que exista causa legítima para ello.
c) Cuatro meses, a menos que exista causa legítima para ello.
d) Seis meses, a menos que exista causa legítima para ello.

7. ¿Qué derecho ha venido a sustituir y ampliar el derecho de cancelación de la LO 15/1999, de 5 de diciembre, de protección de datos personales?

a) El derecho de rectificación.
b) El derecho de supresión.
c) El derecho de anulación.
d) El derecho al borrado de datos.

8. El responsable del tratamiento facilitará al interesado información relativa a sus actuaciones sobre la base de una solicitud con arreglo a los derechos que desarrollaremos seguidamente, y, en cualquier caso, sin dilación indebida, en el plazo de:

a) Tres meses a partir de la recepción de la solicitud.
b) Un mes a partir de la recepción de la solicitud.
c) Veinte días a partir de la recepción de la solicitud.
d) Diez días a partir de la recepción de la solicitud.

9. Respecto a las condiciones aplicables al consentimiento del niño en relación con los servicios de la sociedad de la información, los Estados miembros podrán establecer por ley una edad inferior a tales fines, siempre que esta no sea inferior a:

a) 13 años.
b) 12 años.
c) 11 años.
d) 10 años.

10. Los datos personales serán exactos y, si fuera necesario, actualizados y se adoptarán todas las medidas razonables para que se supriman o rectifiquen sin dilación los datos personales que sean inexactos con respecto a los fines para los que se tratan. Este principio es denominado por el Reglamento (UE) 2016/679, como principio de:

a) Limitación de la finalidad.
b) Integridad y confidencialidad.
c) Exactitud.
d) Minimización de datos.

11. La Ley 41/2002, de 14 de noviembre, básica reguladora de la autonomía del paciente y de derechos y obligaciones en materia de información y documentación clínica, se estructura en:

a) 23 artículos ordenados en 6 Capítulos, 5 Disposiciones Adicionales, 1 Disposición Transitoria, una Disposición Derogatoria y una Disposición Final.
b) 24 artículos ordenados en 5 Capítulos, 6 Disposiciones Adicionales, 1 Disposición Transitoria, una Disposición Derogatoria y una Disposición Final.
c) 23 artículos ordenados en 6 Capítulos, 6 Disposiciones Adicionales, 1 Disposición Transitoria, una Disposición Derogatoria y una Disposición Final.
d) 24 artículos ordenados en 5 Capítulos, 5 Disposiciones Adicionales, 1 Disposición Transitoria, una Disposición Derogatoria y una Disposición Final.

12. Según dispone el art. 6 de la Ley 41/2002, el derecho a conocer los problemas sanitarios de la colectividad cuando impliquen un riesgo para la salud pública o para su salud individual, es un derecho en materia de:

a) Información sanitaria epidemiológica.
b) Información de los servicios del Sistema Nacional de Salud.
c) Información sanitaria asistencial.
d) Información al alta.

13. ¿Cómo define la Ley 41/2002, de 14 de noviembre a la conformidad libre, voluntaria y consciente de un paciente, manifestada en el pleno uso de sus facultades después de recibir la información adecuada, para que tenga lugar una actuación que afecta a su salud?

a) Conformidad objetiva.
b) Consentimiento informado.
c) Consentimiento expreso.
d) Consentimiento tácito.

14. Tal y como establece la Ley 41/2002, de Autonomía del Paciente, en caso de que el paciente no acepte el tratamiento se le propondrá que firme el alta voluntaria y si no la firma la Dirección del Centro:

a) Puede disponer el alta forzosa.
b) Firmará en su nombre el alta involuntaria.
c) Mantendrá el ingreso por periodo mínimo de cinco días naturales.
d) No está reconocida la negativa al tratamiento de los pacientes.

15. La Ley de Autonomía del Paciente reconoce el derecho a que se respeten los deseos expresados anteriormente en el:

a) Testamento vital.
b) Documento de voluntades anticipadas.
c) Documento de instrucciones previas.
d) Documento de instrucciones preliminares.

16. Indica la proposición incorrecta en relación con los requisitos del consentimiento:

a) Debe ser libre.
b) Debe ser voluntario.
c) La decisión de consentir debe anteceder a una información adecuada.
d) La persona que lo presta debe tener capacidad para conocer, comprender y querer el alcance de su decisión.

17. Uno de los fundamentos éticos del consentimiento informado es el principio de autonomía. En aplicación del mismo el profesional sanitario tiene el deber de:

a) Evitar el mal del paciente.
b) Hacer el bien al paciente.
c) Respetar la libre determinación del paciente.
d) Actuar sin discriminación.

18. Según establece la Ley de Autonomía del Paciente, el consentimiento se prestará por escrito en el caso de:

a) Realización de una actuación sanitaria en el paciente.
b) Aplicación en el paciente de un procedimiento no invasor.
c) Intervención quirúrgica.
d) Aplicación de procedimientos de imprevisible repercusión negativa sobre la salud del paciente.

19. Según determina la Ley 41/2002, el paciente tiene derecho a recibir un informe de alta:

a) Solo si ha existido ingreso hospitalario.
b) A la finalización del proceso asistencial.
c) En cuyo contenido mínimo habrán de figurar, entre otros, datos de información sanitaria epidemiológica.
d) Previa solicitud.

20. Conforme a los criterios de la Ley 41/2002, el reconocimiento legal de que el ciudadano debe recibir información suficiente y adecuada sobre los problemas sanitarios de la comunidad que impliquen un riesgo para su salud es una manifestación de su derecho:

a) A la información sanitaria epidemiológica.
b) A la información sanitaria asistencial.
c) A la intimidad.
d) A la autonomía.

En MADTEST tienes **más preguntas de este tema**, y todos tus avances quedan registrados y se reflejan en el ranking.

¡Supera tus límites con MADTEST!

Solución al test n.º 4

1. d) Clasificadas.

2. c) Su legislación específica si la hubiere y supletoriamente por lo establecido en el citado reglamento y en la Ley Orgánica 3/2018, de 5 de diciembre.

3. c) Abogados y procuradores.

4. b) El Sistema de registros administrativos de apoyo a la Administración de Justicia.

5. c) El tratamiento de datos personales relativos a condenas e infracciones penales, así como a procedimientos y medidas cautelares y de seguridad conexas, para fines distintos de los de prevención, investigación, detección o enjuiciamiento de infracciones penales o de ejecución de sanciones penales, solo podrá llevarse a cabo cuando se encuentre amparado en una norma con rango de ley orgánica.

6. d) Seis meses, a menos que exista causa legítima para ello.

7. b) El derecho de supresión.

8. b) Un mes a partir de la recepción de la solicitud.

9. a) 13 años.

10. c) Exactitud.

11. c) 23 artículos ordenados en 6 Capítulos, 6 Disposiciones Adicionales, 1 Disposición Transitoria, una Disposición Derogatoria y una Disposición Final.

12. a) Información sanitaria epidemiológica.

13. b) Consentimiento informado.

14. a) Puede disponer el alta forzosa.

15. c) Documento de instrucciones previas.

16. c) La decisión de consentir debe anteceder a una información adecuada.

17. c) Respetar la libre determinación del paciente.

18. c) Intervención quirúrgica.

19. b) A la finalización del proceso asistencial.

20. a) A la información sanitaria epidemiológica.

Ley 16/2003 de 28 de mayo, de Cohesión y Calidad del Sistema Nacional de Salud: De las prestaciones (Capítulo I). De los profesionales (Capítulo III). Cartera de servicios comunes de Sistema Nacional de Salud (Artículo 2 del Real Decreto 1030/2006, de 15 de septiembre, por el que se establece la cartera de servicios comunes del Sistema Nacional de Salud y el procedimiento para su actualización)

1. Se consideran prestaciones de atención sanitaria del Sistema Nacional de Salud:

a) Los servicios o conjunto de servicios diagnósticos dirigidos a los ciudadanos.
b) Los servicios o conjunto de servicios rehabilitadores y de promoción y mantenimiento de la salud dirigidos a los ciudadanos.
c) Los servicios o conjunto de servicios preventivos dirigidos a los ciudadanos.
d) Todas las respuestas son correctas.

2. Con qué frecuencia realiza el Ministerio de Salud una evaluación de los costes de aplicación de la cartera común de servicios del Sistema Nacional de Salud:

a) Semestralmente.
b) Anualmente.
c) Cada dos años.
d) Cada cuatro años.

3. Quién aprueba la inclusión de servicios accesorios, los importes máximos de financiación y los coeficientes de corrección a aplicar para determinar la facturación definitiva a los servicios autonómicos de salud por parte de los proveedores, así como las modalidades de aportación o reembolso aplicables en cada caso:

a) La persona titular del Ministerio de Sanidad.
b) El Consejo Interterritorial del Sistema Nacional de Salud.
c) La Comisión de prestaciones, aseguramiento y financiación.
d) Las Comunidades Autónomas.

4. La atención primaria comprende:

a) La hospitalización en régimen de internamiento.
b) La asistencia especializada en consultas.
c) Las actividades de información y vigilancia en la protección de la salud.
d) Todas las respuestas son correctas.

5. El contenido de la cartera común de servicios del Sistema Nacional de Salud se determinará por acuerdo del Consejo Interterritorial del Sistema Nacional de Salud, a propuesta de:

a) Las Comunidades Autónomas.
b) La Comisión de financiación.
c) La persona titular del Ministerio de Sanidad.
d) La Comisión de prestaciones, aseguramiento y financiación.

6. Señala la respuesta incorrecta:

a) El Ministerio de Sanidad, por propia iniciativa o a propuesta de las correspondientes Administraciones públicas sanitarias y previo acuerdo del Consejo Interterritorial del Sistema Nacional de Salud, podrá autorizar el uso tutelado de determinadas técnicas, tecnologías o procedimientos.
b) La cartera común de servicios del Sistema Nacional de Salud se actualizará mediante orden de la persona titular del Ministerio de Sanidad, previo acuerdo del Consejo Interterritorial del Sistema Nacional de Salud.
c) Se garantizará a todos los usuarios el acceso a aquellos servicios que sean considerados como servicios de referencia de acuerdo con el artículo 28 de la Ley 16/2003, de 28 de mayo.
d) En el seno de la Comisión de prestaciones, aseguramiento y financiación se acordarán los criterios marco para garantizar un tiempo máximo de acceso a las prestaciones del Sistema Nacional de Salud, que se aprobarán mediante real decreto.

7. Todos los usuarios del Sistema Nacional de Salud tendrán acceso a las prestaciones sanitarias reconocidas en la ley 16/2003 de 28 de mayo, de Cohesión y Calidad del Sistema Nacional de Salud en condiciones de:

a) Igualdad real.
b) Igualdad plena.
c) Igualdad efectiva.
d) Igualdad absoluta.

8. Señala una de las prestaciones incluidas en la cartera común suplementaria del Sistema Nacional de Salud:

a) La prestación ortoprotésica.
b) La prestación con productos dietéticos.

c) La prestación farmacéutica.

d) Todas las respuestas son correctas.

9. Señala la respuesta incorrecta respecto a las prestaciones sanitarias del Sistema Nacional de Salud:

a) Las comunidades autónomas asumirán, con cargo a sus propios presupuestos, todos los costes de aplicación de la cartera de servicios complementaria a las personas que tengan la condición de asegurado o de beneficiario del mismo.

b) Únicamente se facilitarán por el personal legalmente habilitado, en centros y servicios, propios o concertados, del Sistema Nacional de Salud.

c) El Consejo Interterritorial del Sistema Nacional de Salud podrá emitir recomendaciones sobre el establecimiento por parte de las comunidades autónomas de prestaciones sanitarias complementarias a las prestaciones comunes del Sistema Nacional de Salud.

d) Las comunidades autónomas podrán incorporar en sus carteras de servicios una técnica, tecnología o procedimiento no contemplado en la cartera común de servicios del Sistema Nacional de Salud, estableciendo para ello los recursos adicionales necesarios.

10. La atención sanitaria especializada comprende:

a) La indicación o prescripción, y la realización, en su caso, de procedimientos diagnósticos y terapéuticos.

b) La atención a la salud bucodental.

c) La rehabilitación básica.

d) Todas las respuestas son correctas.

11. En el ámbito sanitario, la atención sociosanitaria se llevará a cabo en los niveles de atención que cada comunidad autónoma determine y en cualquier caso comprenderá:

a) La atención sanitaria a la convalecencia.

b) La rehabilitación en pacientes con déficit funcional recuperable.

c) Los cuidados sanitarios de larga duración.

d) Todas las respuestas son correctas.

12. La prestación de atención de urgencia se dispensará tanto en centros sanitarios como fuera de ellos, incluyendo el domicilio del paciente, mediante la atención médica y de enfermería, durante:

a) La jornada de manana de lunes a viernes.

b) La jornada de tarde de lunes a viernes.

c) La jornada de mañana y tarde de lunes a viernes.

d) Las 24 horas del día.

13. Qué tipo de prestación consiste en la utilización de productos sanitarios, implantables o no, cuya finalidad es sustituir total o parcialmente una estructura corporal, o bien de modificar, corregir o facilitar su función:

a) La prestación farmacéutica.
b) La prestación de atención para la movilidad funcional.
c) La prestación ortoprotésica.
d) La prestación de atención de urgencia.

14. Qué prestación comprende la dispensación de los tratamientos dietoterápicos a las personas que padezcan determinados trastornos metabólicos congénitos, la nutrición enteral domiciliaria para pacientes a los que no es posible cubrir sus necesidades nutricionales, a causa de su situación clínica, con alimentos de uso ordinario:

a) La prestación de productos alimenticios.
b) La prestación de productos dietéticos.
c) La prestación de productos nutricionales.
d) La prestación de productos básicos.

15. Qué tipo de prestación consiste en el desplazamiento de enfermos por causas exclusivamente clínicas, cuya situación les impida desplazarse en los medios ordinarios de transporte:

a) La prestación para la movilidad.
b) La prestación de ambulancia.
c) La prestación de transporte público.
d) La prestación de transporte sanitario.

16. Cuándo se llevará a cabo la exclusión de una técnica, tecnología o procedimiento actualmente incluido en la cartera de servicios:

a) Cuando deje de cumplir los requisitos establecidos por la legislación vigente.
b) Cuando se evidencie su falta de eficacia, efectividad o eficiencia, o que el balance entre beneficio y riesgo sea significativamente desfavorable.
c) Cuando haya perdido su interés sanitario como consecuencia del desarrollo tecnológico y científico.
d) Todas las respuestas son correctas.

17. Quién acuerda la designación de servicios de referencia, el número necesario de éstos y su ubicación estratégica dentro del Sistema Nacional de Salud:

a) El Ministerio de Sanidad.
b) El Consejo Interterritorial del Sistema Nacional de Salud.
c) La Comisión de prestaciones, aseguramiento y financiación.
d) Las Comunidades Autónomas.

18. Quién desarrolla, sin perjuicio de las competencias de las comunidades autónomas, las actividades de planificación, diseño de programas de formación y modernización de los recursos humanos del Sistema Nacional de Salud y define los criterios básicos de evaluación de las competencias de los profesionales sanitarios:

a) La persona titular del Ministerio de Sanidad.
b) El Consejo Interterritorial del Sistema Nacional de Salud.
c) La Comisión de Recursos Humanos del Sistema Nacional de Salud.
d) La Comisión de prestaciones, aseguramiento y financiación.

19. Quién preside la Comisión de Recursos Humanos del Sistema Nacional de Salud:

a) La persona titular del Ministro de Sanidad.
b) La persona titular de la Secretaría de Estado de Seguridad.
c) La persona titular de la Dirección General de Salud Pública.
d) La persona titular de la Secretaría General de Salud Digital, Información e Innovación del SNS.

20. Quién supervisa los programas de formación de postgrado especializada, propuestos por las comisiones nacionales correspondientes, así como el número de profesionales necesarios en cada convocatoria:

a) La Dirección General de Ordenación Profesional.
b) El Instituto Nacional de Gestión Sanitaria.
c) La Comisión de Recursos Humanos.
d) La Agencia de Calidad.

En MADTEST tienes **más preguntas de este tema**, y todos tus avances quedan registrados y se reflejan en el ranking.

¡Supera tus límites con MADTEST!

Solución al test n.º 5

1. d) Todas las respuestas son correctas.

2. b) Anualmente.

3. a) La persona titular del Ministerio de Sanidad.

4. c) Las actividades de información y vigilancia en la protección de la salud.

5. d) La Comisión de prestaciones, aseguramiento y financiación.

6. d) En el seno de la Comisión de prestaciones, aseguramiento y financiación se acordarán los criterios marco para garantizar un tiempo máximo de acceso a las prestaciones del Sistema Nacional de Salud, que se aprobarán mediante real decreto.

7. c) Igualdad efectiva.

8. d) Todas las respuestas son correctas.

9. b) Únicamente se facilitarán por el personal legalmente habilitado, en centros y servicios, propios o concertados, del Sistema Nacional de Salud.

10. a) La indicación o prescripción, y la realización, en su caso, de procedimientos diagnósticos y terapéuticos.

11. d) Todas las respuestas son correctas.

12. d) Las 24 horas del día.

13. c) La prestación ortoprotésica.

14. b) La prestación de productos dietéticos.

15. d) La prestación de transporte sanitario.

16. d) Todas las respuestas son correctas.

17. b) El Consejo Interterritorial del Sistema Nacional de Salud.

18. c) La Comisión de Recursos Humanos del Sistema Nacional de Salud.

19. a) La persona titular del Ministro de Sanidad.

20. c) La Comisión de Recursos Humanos.

TEST N.º 6

Ley 55/2003, de 16 de diciembre, del Estatuto Marco del Personal Estatutario de los Servicios de Salud: objeto y ámbito de aplicación; clasificación de personal estatutario; derechos y deberes; situaciones; incompatibilidades; régimen disciplinario. Decreto 72/2013, de 11 de septiembre, por el que se aprueba el Reglamento de jornada, horario, vacaciones y permisos de los funcionarios de la Administración del Principado de Asturias, sus organismos y entes públicos (Capítulos I a VI)

1. El Estatuto Marco clasifica al personal estatutario de los servicios de salud, atendiendo a la función desarrollada, al nivel del título exigido para el ingreso y al tipo de su nombramiento en:

a) Personal estatutario sanitario y personal estatutario de gestión y servicios.
b) Personal estatutario facultativo, personal estatutario sanitario y personal no sanitario.
c) Personal estatutario de gestión y servicios y personal estatutario facultativo.
d) Todas las respuestas son correctas.

2. El personal estatutario con nombramiento expedido para el ejercicio de una profesión o especialidad sanitaria se denomina:

a) Personal sanitario.
b) Otro personal.
c) Personal de mantenimiento.
d) Personal de gestión y servicios.

3. El personal estatutario con nombramiento expedido para el desempeño de funciones de gestión o para el desempeño de profesiones u oficios que no tengan carácter sanitario se denomina:

a) Personal universitario.
b) Personal de gestión y servicios.
c) Personal directivo.
d) Personal administrativo.

4. Según establece el art. 8 de la Ley 55/2003, de 16 de diciembre, del Estatuto Marco de los Servicios de Salud, es personal estatutario fijo:

a) El que, una vez superado el correspondiente proceso selectivo, obtiene un nombramiento para el desempeño, con carácter permanente, de las funciones que de tal nombramiento se deriven.

b) Todo el personal al servicio de los Servicios de Salud.

c) El personal que realice una prestación de servicios determinados de naturaleza temporal, coyuntural o extraordinaria.

d) El personal en posesión de un contrato laboral indefinido.

5. Conforme al artículo 9.1 del Estatuto Marco (*en redacción dada por el Real Decreto-ley 12/2022, de 5 de julio, por el que se modifica la Ley 55/2003, de 16 de diciembre, del Estatuto Marco del personal estatutario de los servicios de salud*) los nombramientos del Personal Estatutario Temporal de los Servicios de Salud serán:

a) Únicamente de Personal Estatutario Sanitario.

b) Personal Estatutario Contratado.

c) De interinidad.

d) Como Personal Laboral.

6. Conforme al artículo 6.2 de la Ley 55/2003, de 16 de diciembre, del Estatuto Marco del personal estatutario de los servicios de salud, atendiendo al nivel académico del título exigido para el ingreso, el personal estatutario sanitario de formación profesional se divide en:

a) Técnicos sanitarios y Auxiliares de Enfermería.

b) Técnicos superiores y Técnicos.

c) Técnicos superiores y Técnicos de gestión.

d) Técnicos especialistas y Técnicos.

7. La categoría profesional de Celador está comprendida dentro del grupo de:

a) Personal de gestión y servicios.

b) Personal no estatutario.

c) Personal estatutario sanitario.

d) Personal estatutario de formación profesional.

8. Es personal Estatutario Sanitario:

a) El que ejerce una profesión o especialidad sanitaria.

b) El que ostenta esta condición en virtud de nombramiento expedido para el ejercicio de una profesión o especialización sanitaria.

c) El que desempeña una categoría clasificada como sanitaria.

d) Quien ejerza una profesión sanitaria sin ostentar la condición de funcionario.

9. El personal Estatutario de Gestión y Servicio se clasifica en función del título exigido para el ingreso en:

a) Personal de formación universitaria, personal de formación profesional y otro personal.
b) Personal universitario, personal de formación profesional y personal subalterno.
c) Personal licenciado universitario, personal de administración y personal auxiliar.
d) Ninguna es correcta.

10. En el supuesto de existencia de plaza vacante, son estatutarios interinos los que, por razones expresamente justificadas de necesidad y urgencia, son nombrados como tales con carácter temporal para el desempeño de funciones propias de estatutarios, cuando no sea posible su cobertura por personal estatutario fijo, durante un plazo máximo de:

a) Dos años.
b) Tres años.
c) Cuatros años.
d) Seis años.

11. El incumplimiento del plazo máximo de permanencia dará lugar a una compensación económica para el personal estatutario temporal afectado, que será equivalente a:

a) Veinte días de sus retribuciones fijas por año de servicio.
b) Veinte días de su sueldo, más trienios y complemento de destino por año de servicio.
c) Veinte días de todas sus retribuciones por año de servicio.
d) Veinte días de su sueldo por año de servicio.

12. El objetivo de constituir un ámbito de diálogo e información de carácter laboral, así como de promover el desarrollo armónico de los recursos humanos del Sistema Nacional de Salud, se articula a través de:

a) El Consejo Interterritorial del Sistema Nacional de Salud.
b) La Comisión de Recursos Humanos del Sistema Nacional de Salud.
c) La Consejería de Salud de la correspondiente Comunidad Autónoma.
d) El Foro Marco para el Diálogo Social.

13. No constituye un derecho individual del personal estatutario:

a) La estabilidad en el empleo.
b) La movilidad voluntaria.
c) El descanso necesario.
d) La negociación colectiva.

14. El régimen de derechos del personal estatutario será aplicable al personal temporal:

a) En la medida en que la naturaleza del derecho lo permita.
b) En todo caso.

c) En ningún caso.
d) Solo cuando así se establezca en su nombramiento.

15. En relación con los derechos y deberes regulados en el Estatuto Marco, no se considera un derecho colectivo:

a) La huelga.
b) La actividad sindical.
c) La reunión.
d) La estabilidad en el empleo.

16. Para poder obtener la excedencia voluntaria por interés particular es necesario haber prestado servicios efectivos en cualquiera de las Administraciones Públicas durante:

a) Los cinco años inmediatamente anteriores.
b) Los cuatro años inmediatamente anteriores.
c) El año inmediatamente anterior.
d) No se exige periodo mínimo de prestación efectiva de servicios.

17. ¿Qué tiempo máximo puede estar un trabajador en una situación de suspensión de funciones por sanción disciplinaria?

a) 6 años.
b) 1 mes.
c) 1 año.
d) 5 años.

18. En el Estatuto Marco se establece que el personal estatutario en comisión de servicios percibirá las retribuciones:

a) Correspondientes a las funciones especiales que realice en el puesto de destino.
b) De su plaza o puesto de origen.
c) Proporcional a cada Centro.
d) Correspondientes a la plaza o puesto efectivamente desempeñado, salvo que sean inferiores a las que correspondan por la plaza de origen, en cuyo caso se percibirán estas.

19. Según el Estatuto Marco entre las situaciones administrativas del personal estatutario puede estar:

a) Servicio preferente en otra Comunidad Autónoma.
b) En régimen de cesión en la Administración General de Estado.
c) Destacado en los Servicios provinciales de las Delegaciones de Hacienda.
d) Suspensión de funciones.

20. Según establece la Ley 55/2003, de 16 de diciembre, del Estatuto Marco del personal estatutario de los servicios de salud es falta muy grave:

a) La falta de obediencia debida a los superiores.

b) El descuido en el cumplimiento de las disposiciones expresas sobre seguridad y salud.

c) La aceptación de cualquier tipo de contraprestación por los servicios prestados a los usuarios de los servicios de salud.

d) La falta de asistencia durante más de cinco días continuados sin autorización ni causa justificada.

Solución al test n.º 6

1. a) Personal estatutario sanitario y personal estatutario de gestión y servicios.

2. a) Personal sanitario.

3. b) Personal de gestión y servicios.

4. a) El que, una vez superado el correspondiente proceso selectivo, obtiene un nombramiento para el desempeño, con carácter permanente, de las funciones que de tal nombramiento se deriven.

5. c) De interinidad.

6. b) Técnicos superiores y Técnicos.

7. a) Personal de gestión y servicios.

8. b) El que ostenta esta condición en virtud de nombramiento expedido para el ejercicio de una profesión o especialización sanitaria.

9. a) Personal de formación universitaria, personal de formación personal y otro personal.

10. b) Tres años.

11. a) Veinte días de sus retribuciones fijas por año de servicio.

12. d) El Foro Marco para el Diálogo Social.

13. d) La negociación colectiva.

14. a) En la medida en que la naturaleza del derecho lo permita.

15. d) La estabilidad en el empleo.

16. a) Los cinco años inmediatamente anteriores.

17. a) 6 años.

18. d) Correspondientes a la plaza o puesto efectivamente desempeñado, salvo que sean inferiores a las que correspondan por la plaza de origen, en cuyo caso se percibirán estas.

19. d) Suspensión de funciones.

20. d) La falta de asistencia durante más de cinco días continuados sin autorización ni causa justificada.

Ley 7/2019, de 29 de marzo, de Salud. Estructura orgánica y funcionamiento (Sección Primera, Capítulo Dos del Título IX). Organización territorial del Servicio de Salud del Principado de Asturias (Capítulo III del Decreto 123/2025, de 11 de diciembre, por el que se establece la estructura orgánica básica de los órganos de dirección y gestión del Servicio de Salud del Principado de Asturias)

1. El Sespa es:

a) Un organismo autónomo.
b) Un Ente de Derecho Público.
c) Una Fundación.
d) Un Ente de Derecho Público dotado de personalidad jurídica plena.

2. El principal instrumento de planificación territorial sanitaria de la Comunidad Autónoma asturiana para la correcta asignación de los recursos, incluyendo la sectorización de los servicios, es:

a) Los distritos de Salud.
b) Las Áreas sanitarias.
c) El Mapa sanitario.
d) Zonas Especiales de salud.

3. El Sistema Sanitario del Principado de Asturias se ordena en demarcaciones territoriales denominadas:

a) Zonas Básicas de Salud.
b) Las Áreas sanitarias.
c) Áreas de Salud.
d) Los distritos de Salud.

4. ¿Cuándo pueden constituirse Zonas Especiales de Salud en Asturias?

a) Cuando no existan Áreas de Salud.
b) Cuando concurran singulares condiciones socioeconómicas, demográficas y de comunicaciones.

c) Cuando además del equipo de atención primaria coexistan en la zona equipos de atención especializada.

d) Cuando no se aconseje constituir Distritos de Salud.

5. ¿Quién asume la presidencia del Consejo de Administración del Servicio de Salud del Principado de Asturias?

a) El Director Gerente.
b) El Secretario General.
c) El Consejero competente en materia de sanidad.
d) Ninguna es correcta.

6. ¿Cuántos Vocales designados por las Consejerías competentes en materia de función pública y en materia económica y presupuestaria componen el Consejo de Administración del Sespa?

a) Cuatro.
b) Tres.
c) Dos.
d) Uno.

7. La Memoria Anual del Sespa la aprueba:

a) El Consejero competente en materia de Sanidad.
b) La Dirección Gerencia.
c) El Consejo de Dirección.
d) El Consejo de Administración.

8. ¿Quién ostenta la representación legal del Sespa en todo tipo de actuaciones judiciales y extrajudiciales?

a) El Consejo de Administración.
b) La Dirección Gerencia.
c) El Consejo de Dirección.
d) El Consejo de Salud de Zona.

9. El órgano de participación comunitaria en el Área de Salud se denomina:

a) Consejo de Salud de Zona.
b) Gerencia del Área de Salud.
c) Consejo de Dirección.
d) Consejo de Salud de Área.

10. ¿Qué órgano es el encargado de nombrar al personal estatutario y contratar al personal laboral del Sespa?

a) El Consejo de Dirección.
b) El Director Gerente.

c) El Consejo de Administración.
d) El consejero competente en materia de Sanidad.

11. Según su organización territorial, ¿cuáles son las tres Áreas de Salud del Sespa?

a) Área I (Norte), Área II (Centro) y Área III (Sur).
b) Área I (Oriente), Área II (Occidente) y Área III (Centro).
c) Área I (Occidente), Área II (Centro-suroccidente) y Área III (Oriente).
d) Área I (Costa), Área II (Cuencas) y Área III (Montaña).

12. ¿A quién le corresponde la dirección, organización, gestión y control de todas las unidades y servicios adscritos a un Área de Salud?

a) Al Consejo de Gobierno del Principado de Asturias.
b) A la Gerencia de Área.
c) A la Dirección de Profesionales del Sespa.
d) Al Ministerio de Sanidad.

13. ¿Cuál es la relación jerárquica de la Gerencia de Área respecto a la Dirección Gerencia del Sespa?

a) Actúa de forma totalmente autónoma e independiente.
b) Depende directamente de la Consejería de Salud.
c) Actúa bajo la dependencia directa de la Dirección Gerencia del Sespa.
d) Depende funcionalmente de la Dirección de Área del Ministerio de Sanidad.

14. ¿De qué órgano dependen directamente las Direcciones de Atención Primaria, Atención Hospitalaria y las de Atención Sanitaria y Coordinación Territorial?

a) De la Gerencia de Área.
b) De la Dirección Gerencia del Sespa.
c) De la Dirección de Atención Sanitaria y Evaluación de Área.
d) De la Comisión de Dirección del Área de Salud.

15. ¿Cuál de los siguientes órganos directivos tiene una dependencia directa de la Gerencia de Área?

a) La Dirección de Atención Primaria de Área.
b) La Dirección Económica y de Profesionales de Área.
c) La Dirección de Atención Hospitalaria de Área.
d) Las Subdirecciones previstas en la plantilla orgánica.

16. ¿Qué personas titulares de Direcciones forman parte de la Comisión de Dirección del Área de Salud?

a) Únicamente los titulares de la Gerencia y la Dirección de Salud Pública.
b) Exclusivamente las Direcciones que dependen directamente de la Gerencia de Área.

c) Las titulares de la Gerencia, las cuatro Direcciones de Área y las Direcciones dependientes de la Dirección de Atención Sanitaria.

d) Solo las personas titulares de la Gerencia de Área y de la Dirección Económica.

17. Sobre la asistencia a las reuniones de la Comisión de Dirección, ¿cuál de las siguientes afirmaciones es correcta?

a) Los responsables de servicios y programas asisten siempre con voz y voto.

b) Los titulares de Subdirecciones podrán asistir con voz, pero sin voto, a requerimiento de la Gerencia.

c) La asistencia de responsables de programas es obligatoria en todas las sesiones ordinarias.

d) Solo pueden asistir los miembros con derecho a voto, sin excepciones.

18. ¿En qué circunstancia puede reunirse la Comisión de Dirección del Área de Salud en sesión extraordinaria?

a) Siempre que lo solicite la Dirección de Salud Pública.

b) Obligatoriamente una vez cada tres meses.

c) Solo cuando haya una vacante en la Gerencia de Área.

d) Cuantas veces considere oportuno la Presidencia de la Comisión.

19. ¿Qué órgano tiene la función específica de coordinar los diferentes recursos asistenciales para asegurar la continuidad de la atención?

a) La Gerencia de Área.

b) La Dirección de Cuidados y Coordinación Sociosanitaria.

c) La Dirección de Atención Sanitaria y Evaluación de Área.

d) La Dirección de Salud Pública de Área.

20. En relación con la calidad y seguridad, ¿cuál es una función propia de la Dirección de Atención Sanitaria y Evaluación de Área?

a) Elaborar el presupuesto anual de seguridad del área.

b) Promover y evaluar la calidad asistencial y la seguridad del paciente.

c) Contratar exclusivamente al personal de las unidades de calidad.

d) Supervisar únicamente la seguridad física de los edificios hospitalarios.

En MADTEST tienes **más preguntas de este tema**, y todos tus avances quedan registrados y se reflejan en el ranking.

¡Supera tus límites con MADTEST!

Solución al test n.º 7

1. b) Un Ente de Derecho Público.

2. c) El Mapa sanitario.

3. c) Áreas de Salud.

4. b) Cuando concurran singulares condiciones socioeconómicas, demográficas y de comunicaciones.

5. c) El Consejero competente en materia de sanidad.

6. c) Dos.

7. d) El Consejo de Administración.

8. b) La Dirección Gerencia.

9. d) Consejo de Salud de Área.

10. b) El Director Gerente.

11. c) Área I (Occidente), Área II (Centro-suroccidente) y Área III (Oriente).

12. b) A la Gerencia de Área.

13. c) Actúa bajo la dependencia directa de la Dirección Gerencia del Sespa.

14. c) De la Dirección de Atención Sanitaria y Evaluación de Área.

15. b) La Dirección Económica y de Profesionales de Área.

16. c) Las titulares de la Gerencia, las cuatro Direcciones de Área y las Direcciones dependientes de la Dirección de Atención Sanitaria.

17. b) Los titulares de Subdirecciones podrán asistir con voz, pero sin voto, a requerimiento de la Gerencia.

18. d) Cuantas veces considere oportuno la Presidencia de la Comisión.

19. c) La Dirección de Atención Sanitaria y Evaluación de Área.

20. b) Promover y evaluar la calidad asistencial y la seguridad del paciente.

TEST N.º 8

Ley Orgánica 7/1981, de 30 de diciembre, del Estatuto de Autonomía del Principado de Asturias: Título Preliminar; de los órganos institucionales del Principado de Asturias (Título II)

1. La Comunidad Autónoma del Principado de Asturias se constituyó a través de la vía:

a) Del artículo 151 CE.
b) Del artículo 155 CE.
c) De la Ley Orgánica 1/99.
d) Del artículo 143 CE.

2. Indica la respuesta correcta respecto a las siguientes afirmaciones que se regulan en el Estatuto de Autonomía del Principado de Asturias:

a) El término del Concejo coincide con la tradicional Parroquia rural.
b) Todas las instituciones oficiales del Principado de Asturias se encuentran en Oviedo.
c) El himno de la Comunidad Autónoma del Principado de Asturias es la canción "Asturias, Patria querida".
d) El Bable es el idioma oficial del Principado de Asturias.

3. El municipio asturiano coincide con la denominación tradicional de:

a) Parroquia.
b) Área metropolitana.
c) Comarca.
d) Concejo.

4. Según el Estatuto de Autonomía de Asturias, gozan de la condición política de asturianos:

a) Cualquiera que tenga vecindad en alguno de los Concejos de Asturias.
b) Los nacidos en Asturias, cualquiera que sea el lugar donde residan.
c) Los ciudadanos españoles que tengan vecindad administrativa en el territorio de la Comunidad.
d) Quienes hayan nacido en Asturias y acrediten esta condición en cualquier Administración Pública de España.

5. Conforme al Estatuto de Autonomía del Principado de Asturias, las disposiciones del Consejo de Gobierno que contienen legislación delegada reciben el título de:

a) Decretos legislativos.
b) Decretos Leyes.
c) Leyes orgánicas.
d) Reglamentos.

6. La Junta General del Principado de Asturias podrá delegar en el Consejo de Gobierno la potestad de:

a) Aprobar las leyes presupuestarias.
b) Dictar leyes y Acuerdos, siempre que estos requieran para su aprobación de mayoría cualificada.
c) Dictar Acuerdos pero no leyes.
d) Dictar normas con rango de ley.

7. La delegación legislativa que realice la Junta General del Principado de Asturias será siempre en favor de:

a) Su Consejo de Gobierno.
b) Su Presidente.
c) Cualquier autoridad de la Comunidad Autónoma.
d) Cualquiera de los miembros que la componen.

8. Según el Estatuto de Autonomía de Asturias, la delegación legislativa cuyo objeto sea la formación de textos articulados deberá otorgarse mediante:

a) Decreto legislativo.
b) Ley de bases.
c) Ley ordinaria.
d) Cualquier disposición, sin forma concreta.

9. Y cuando la delegación legislativa trate de refundir varios textos legales en uno solo, se hará mediante:

a) Acuerdo.
b) Ley de bases.
c) Ley ordinaria.
d) Decreto legislativo.

10. La facultad para oponerse a la tramitación por la Junta General del Principado de Asturias de una proposición de ley o una enmienda contraria a una delegación legislativa en vigor, corresponde:

a) Al Presidente del Principado de Asturias.
b) Al Consejo de Gobierno.

c) A la Junta de Gobierno.
d) Al Presidente y a la Junta de Gobierno, según los casos.

11. Según el Estatuto de Autonomía del Principado de Asturias, el número de miembros que componen la Junta General será de:

a) Entre 35 y 45.
b) Entre 39 y 41.
c) 30.
d) 45 más dos por cada circunscripción electoral.

12. La disolución anticipada al término natural de la legislatura de la Junta General será acordada por Decreto que dicte:

a) El Presidente de la Mesa de la Cámara.
b) El Consejo de Gobierno, por mayoría de dos tercios de sus miembros.
c) El Presidente del Principado de Asturias.
d) La propia Junta General.

13. Señala la respuesta incorrecta respecto al momento en el que no se podrá acordar por Decreto la disolución de la Junta General del Principado de Asturias:

a) Durante el primer período de sesiones de la legislatura.
b) Si se encuentra en tramitación una cuestión de confianza.
c) Cuando reste menos de un año para la terminación de la legislatura.
d) Antes de que transcurra el plazo de un año desde la última disolución.

14. Por regla general, las elecciones convocadas por el Presidente del Principado de Asturias se celebran:

a) Siempre el cuarto domingo de mayo de cada cuatro años.
b) Una vez, al menos, cada cuatro años.
c) Dentro de los quince días siguientes a la convocatoria de elecciones.
d) El cuarto domingo de mayo del año siguiente a la disolución de la Cámara.

15. ¿Cuántos periodos de sesiones ordinarias anuales celebra la Junta General del Principado de Asturias?

a) Tres.
b) Cuatro.
c) Dos.
d) Uno.

16. ¿A quiénes de los siguientes no se les reconoce estatutariamente legitimación para solicitar la celebración de una sesión extraordinaria de la Junta General de Asturias?

a) Al Consejo de Gobierno.
b) Al Presidente del Principado de Asturias.
c) A la Diputación Permanente.
d) A la cuarta parte de sus miembros.

17. La Junta General del Principado funciona:

a) En Comisión permanente y en Comisión especial.
b) En Diputación permanente, especial y de Investigación.
c) En Pleno y en Diputación permanente o de investigación.
d) En Pleno y en Comisiones, sean permanentes o especiales.

18. Cuando la Junta General del Principado no esté reunida o hubiere expirado su mandato, su actividad se encomienda a:

a) La Mesa de la misma.
b) Su Consejo de Gobierno.
c) La Comisión Permanente.
d) La Diputación Permanente.

19. Transcurrido el plazo de dos meses a partir de la constitución de la Junta General del Principado de Asturias sin que ningún candidato a Presidente hubiera sido elegido:

a) Se nombrará provisionalmente al que haya obtenido más votos.
b) Se disolverá la Cámara y se convocarán nuevas elecciones.
c) Se celebrará nueva votación en el que se elegirá al que obtenga mayoría simple.
d) Se designará al miembro más antiguo de la Cámara.

20. No es función del Presidente del Principado de Asturias:

a) Ser Presidente del Consejo de Gobierno.
b) Ostentar la representación ordinaria del Estado en la Comunidad Autónoma.
c) Designar y separar a los consejeros.
d) Ejercitar la iniciativa legislativa.

En MADTEST tienes **más preguntas de este tema**, y todos tus avances quedan registrados y se reflejan en el ranking.

¡Supera tus límites con MADTEST!

Solución al test n.º 8

1. d) Del artículo 143 CE.

2. c) El himno de la Comunidad Autónoma del Principado de Asturias es la canción "Asturias, Patria querida".

3. d) Concejo.

4. c) Los ciudadanos españoles que tengan vecindad administrativa en el territorio de la Comunidad.

5. a) Decretos legislativos.

6. d) Dictar normas con rango de ley.

7. a) Su Consejo de Gobierno.

8. b) Ley de bases.

9. c) Ley ordinaria.

10. b) Al Consejo de Gobierno.

11. a) Entre 35 y 45.

12. c) El Presidente del Principado de Asturias.

13. b) Si se encuentra en tramitación una cuestión de confianza.

14. b) Una vez, al menos, cada cuatro años.

15. c) Dos.

16. b) Al Presidente del Principado de Asturias.

17. d) En Pleno y en Comisiones, sean permanentes o especiales.

18. d) La Diputación Permanente.

19. b) Se disolverá la Cámara y se convocarán nuevas elecciones.

20. d) Ejercitar la iniciativa legislativa.

TEST N.º 9

**Ley 2/2011, de 11 de marzo, para la igualdad efectiva
de mujeres y hombres y la erradicación de la violencia de género.
Título Preliminar: objeto, ámbito de aplicación y conceptos;
la integración del principio de igualdad entre mujeres y hombres
en la salud (Artículo 20); igualdad en el empleo público
(Capítulo II-Título III)**

1. ¿En qué artículo constitucional se proclama el derecho a la igualdad?

a) 1.
b) 14.
c) 23.
d) 43.

2. El objeto de la Ley 2/2011 lo constituye:

a) Remover los obstáculos para que la libertad y la igualdad del individuo y de los grupos en que se integra sean efectivas y reales.
b) Reforzar e impulsar la estrategia del enfoque integrado de género.
c) Garantizar la efectiva igualdad de derechos, trato y oportunidades entre mujeres y hombres.
d) Todas las anteriores.

3. La Ley promueve la presencia equilibrada de mujeres y hombres:

a) En el ámbito público exclusivamente.
b) En las relaciones sociales.
c) En los ámbitos tanto público como privado.
d) En las personas jurídicas y entidades siempre que cuenten con participación pública.

4. La Ley aboga por que el principio de igualdad de trato y de oportunidades se aplique de forma:

a) Solidaria.
b) Transversal.

c) Coordinada.
d) Empoderada.

5. La ausencia de toda discriminación por razón de sexo, y, especialmente, las derivadas de la maternidad, la asunción de obligaciones familiares y el estado civil es lo que se denomina

a) Discriminación directa.
b) Discriminación positiva.
c) Discriminación indirecta.
d) Igualdad de trato.

6. Se considera "acoso por razón de sexo":

a) La violencia como manifestación de la discriminación, la situación de desigualdad y las relaciones de poder de los hombres sobre las mujeres.
b) La discriminación, directa o indirecta, por razón de sexo, especialmente, derivada de la maternidad, la asunción de obligaciones familiares y el estado civil.
c) El comportamiento realizado en función del sexo de una persona, con el propósito de atentar contra su dignidad.
d) Cualquiera de las situaciones anteriores.

7. Se denomina "integración del principio de igualdad entre mujeres y hombres en la salud":

a) Al mantenimiento y mejora del nivel de salud de mujeres y hombres promoviendo la desaparición de las desigualdades de género en el campo de la salud.
b) Al derecho a la información referente al lugar de prestación de los servicios de atención, emergencia, apoyo y recuperación integral.
c) Al reconocimiento del derecho a la atención, emergencia, apoyo y acogida y recuperación integral de las mujeres víctimas de violencia de género.
d) A la defensa y representación gratuitas por abogado y procurador en todos los procesos y procedimientos administrativos que tengan causa directa o indirecta en la violencia padecida.

8. ¿Qué medidas prevé la Ley para la detección, atención y apoyo a las mujeres víctimas de violencia de género?

a) La asistencia de la Policía Judicial.
b) La Elaboración de protocolos de atención y coordinación.
c) La tipicidad de delitos en el ámbito preventivo.
d) La prestación de medidas de carácter económico.

9. Para garantizar la igualdad en el empleo público, se prevé legalmente que la Administración del Principado de Asturias:

a) Promueva la presencia equilibrada de mujeres y hombres en los órganos de selección y valoración.

b) Facilite la conciliación de la vida personal, familiar y laboral, con menoscabo de la promoción profesional.

c) Establezca medidas para potenciar cualquier discriminación retributiva, directa o indirecta, por razón de sexo.

d) Cualquiera de las anteriores.

10. ¿Qué órgano del Principado de Asturias corresponde la aprobación del Plan de Igualdad en la Administración?

a) A la persona titular de la Consejería competente en materia de políticas de Igualdad.

b) A la persona titular de la Consejería competente en materia de función pública.

c) Al Presidente del Principado de Asturias.

d) Al Consejo de Gobierno.

11. ¿Y quién se encarga de hacer la propuesta para su aprobación?

a) Unidad de Selección de Personal.

b) Subdirección de Evaluación y Planificación de Recursos Humanos.

c) Subdirección de Profesionales.

d) Oficina de Coordinación de Prevención de Riesgos Laborales y Salud Laboral.

12. ¿Y la evaluación de su cumplimiento?

a) El Instituto Asturiano de la Mujer.

b) La persona titular de la Consejería competente en materia de función pública.

c) La persona titular de la Consejería competente en materia de políticas de Igualdad.

d) Las personas a que se refieren las letras b y c, conjuntamente.

13. El eje "Cultura de la organización" del I Plan de Igualdad de la Administración del Principado de Asturias, contiene los objetivos a alcanzar para:

a) La visibilización de las desigualdades.

b) La presencia de la mujer en los centros de poder.

c) La implantación de sistemas de sistemas estratégicos transversales.

d) La integración del principio de igualdad.

14. La celebración de reuniones dentro del horario fijo de trabajo: de 9:00 a 14.00 horas es un objetivo recogido en el del I Plan de Igualdad de la Administración del Principado de Asturias dentro del eje dedicado a:

a) Los procesos de trabajo.

b) Las personas.

c) La cultura de la organización.
d) Ninguna es correcta.

15. La integración de la perspectiva de género en los procesos habituales de trabajo es un objetivo del I Plan de Igualdad recogido en el eje de:

a) Los procesos de trabajo.
b) La cultura de la organización.
c) Las medidas transversales.
d) Las personas.

16. ¿Cuál de los siguientes elementos puede ser causa de discriminación según el principio de igualdad de trato?

a) Nacionalidad.
b) Maternidad.
c) Nivel de estudios.
d) Lugar de residencia.

17. ¿Cuál es uno de los objetivos principales del Principado de Asturias en el ámbito de la salud?

a) Incrementar la inversión en tecnología sanitaria exclusivamente femenina.
b) Promover la desaparición de las desigualdades de género en la salud.
c) Garantizar atención médica solo para mujeres víctimas de violencia de género.
d) Priorizar enfermedades cardiovasculares en población masculina.

18. ¿Qué eje del I Plan de Igualdad se refiere a la integración del principio de igualdad en la cultura organizacional?

a) El eje de procesos de trabajo.
b) El eje de políticas públicas.
c) El eje de cultura de la organización.
d) El eje normativo.

19. ¿Qué herramienta se pondrá en marcha para facilitar la conciliación en el empleo público?

a) Reducción obligatoria de jornada para mujeres.
b) Un sistema de guarderías internas.
c) Una bolsa de horas para cubrir necesidades de conciliación.
d) Exención de guardias para el personal con hijos.

20. ¿Qué finalidad tiene el análisis de datos desagregados por sexo?

a) Reforzar las estadísticas nacionales exclusivamente.
b) Comprobar la eficiencia financiera de la Administración.
c) Conocer la situación diferenciada de mujeres y hombres.
d) Estudiar la natalidad y la fecundidad de la región.

En MADTEST tienes **más preguntas de este tema**, y todos tus avances quedan registrados y se reflejan en el ranking.

¡Supera tus límites con MADTEST!

Solución al test n.º 9

1. b) 14.

2. c) Garantizar la efectiva igualdad de derechos, trato y oportunidades entre mujeres y hombres.

3. c) En los ámbitos tanto público como privado.

4. b) Transversal.

5. d) Igualdad de trato.

6. c) El comportamiento realizado en función del sexo de una persona, con el propósito de atentar contra su dignidad.

7. a) Al mantenimiento y mejora del nivel de salud de mujeres y hombres promoviendo la desaparición de las desigualdades de género en el campo de la salud.

8. b) La Elaboración de protocolos de atención y coordinación.

9. a) Promueva la presencia equilibrada de mujeres y hombres en los órganos de selección y valoración.

10. d) Al Consejo de Gobierno.

11. d) Oficina de Coordinación de Prevención de Riesgos Laborales y Salud Laboral.

12. d) Las personas a que se refieren las letras b y c, conjuntamente.

13. d) La integración del principio de igualdad.

14. b) Las personas.

15. a) Los procesos de trabajo.

16. b) Maternidad.

17. b) Promover la desaparición de las desigualdades de género en la salud.

18. c) El eje de cultura de la organización.

19. c) Una bolsa de horas para cubrir necesidades de conciliación.

20. c) Conocer la situación diferenciada de mujeres y hombres.

PARTE ESPECÍFICA

Funciones de vigilancia. Funciones de asistencia al personal sanitario facultativo y no facultativo. Relación del Celador con los familiares de los enfermos. Actuaciones en las habitaciones de los enfermos y en las estancias comunes

1. ¿Cuál de las siguientes afirmaciones es correcta sobre el personal subalterno en la sanidad española?

a) El personal subalterno realiza tareas técnicas sin supervisión.

b) El personal subalterno se enmarca en una categoría homogénea.

c) Las funciones del personal subalterno dependen del puesto de trabajo ocupado y se realizan bajo supervisión.

d) En la sanidad española, el personal subalterno no se divide en escalas ni clases.

2. Los celadores/as, en el ejercicio de sus funciones:

a) Darán cuenta a los familiares y visitantes sobre diagnósticos, exploraciones y tratamientos.

b) Desempeñará tareas técnicas sanitarias específicas.

c) Harán los servicios de guardia que correspondan dentro de los turnos que se establezcan.

d) Hará cumplir las órdenes a sus compañeros.

3. Cuando el/la celador/a observe desperfectos o anomalías en la limpieza y conservación del edificio y material, lo deberá comunicar:

a) Al jefe de subalternos.

b) Al jefe de turnos.

c) Al personal de limpieza.

d) Al/a la responsable de planta o unidad donde ocurra el incidente.

4. Según el Estatuto de 1971, ¿cuál de las siguientes opciones describe correctamente las áreas de funciones del celador/a?

a) Las funciones del celador/a se dividen en tres áreas: guardia y vigilancia, cuidado del paciente, y tareas propias específicas.

b) Las funciones del celador/a solo se dividen en dos áreas: guardia y vigilancia, y cuidado del paciente.

c) Las funciones del celador/a se dividen en cuatro áreas: guardia y vigilancia, cuidado del paciente, tareas propias específicas, y administración.

d) Las funciones del celador/a no se dividen en áreas específicas.

5. Según el Estatuto de Personal no sanitario, ¿cuándo deberán los celadores realizar labores de limpieza de manera excepcional?

a) Nunca, no es función propia de un celador.

b) Cuando exista saturación de trabajo en el servicio en el que se encuentre y así se le encomiende.

c) Cuando su realización por el personal femenino no sea idónea o decorosa.

d) Cuando exista escasez de personal.

6. ¿Quién tendrá a su cargo a los enfermos durante el traslado, tanto dentro de la Institución como en el servicio de ambulancias?

a) El TCAE.

b) El/la enfermero/a responsable del paciente.

c) El/la médico/a de la unidad a la que pertenece el paciente.

d) El/la celador/a.

7. ¿En qué casos deberá el/la celador/a ayudar a los/as enfermeros/as y ayudantes de planta al movimiento y traslado de los enfermos/as encamados/as?

a) Siempre, esa es una de sus funciones primordiales.

b) Cuando requieran un trato especial en razón de sus dolencias para hacerles las camas.

c) Siempre que se le ordene desde admisión.

d) Cuando así lo solicite el/la paciente.

8. Una vez que ha terminado una autopsia, el/la celador/a deberá:

a) Limpiar la mesa pero no la sala, cuya limpieza corresponde al personal de limpieza.

b) Auxiliar a los técnicos haciendo uso del instrumental sobre el cadáver si fuera necesario.

c) Limpiar la mesa y la sala de autopsias.

d) Limpiar el cadáver haciendo uso de instrumental.

9. ¿Cuándo deberán ayudar los/as celadores/as en la práctica de autopsias?

a) Cuando el Jefe del Servicio no tenga ayudante.

b) Cuando le sea ordenado por la Supervisora de planta.

c) Deberá negarse porque no es función propia de su puesto.

d) Cuando sus funciones no requieran hacer uso de instrumental sobre el cadáver.

10. ¿Quién debe encomendar a los/as celadores/as que bañen a los enfermos masculinos encamados o que no puedan realizarlo por sí mismos?

a) El Jefe de Personal Subalterno.
b) Las Supervisoras de planta o servicio o personas que las sustituyan.
c) El/la enfermero/a de planta.
d) El TCAE.

11. La puesta en marcha de un equipo de trabajo es un proceso complejo que pasa por diferentes etapas. Indica cuál de las siguientes corresponde a la etapa de "acoplamiento":

a) Una vez superados los enfrentamientos personales, el proyecto sale adelante.
b) Suele predominar la disponibilidad y la visión positiva.
c) Afloran diferentes puntos de vista.
d) El equipo entra en una fase muy productiva.

12. ¿En cuál de las siguientes actividades no sería necesario la participación de un equipo multidisciplinar?

a) Unidad de esterilización de instrumental.
b) Equipo de atención primaria.
c) Centro de estancia diurna.
d) Unidad de rehabilitación.

13. En un equipo, el rol funcional de producción cuya característica principal es el dinamismo se llama:

a) Colaborador.
b) Iniciador.
c) Activador.
d) Empatizador.

14. Señala, de las siguientes funciones, cuál no es propia del líder de un equipo:

a) Definir la misión y el papel del grupo.
b) Tomar decisiones sin consenso.
c) Imbuir el espíritu de grupo.
d) Ordenar y controlar los conflictos internos.

15. ¿En qué tipo de equipo no importa la disciplina sino el problema a resolver?

a) Equipo transdisciplinar.
b) Equipo pluridisciplinar.
c) Equipo multidisciplinar.
d) Equipo interdisciplinar.

16. ¿Para qué tipo de pacientes se emplea la cama de levitación?

a) En fractura de miembros superiores.
b) En grandes quemados.
c) En enfermos con úlceras por presión.
d) Las opciones b) y c) son correctas.

17. ¿Qué función posee la barra de tracción?

a) Protector de metal lateral, que evita caídas del enfermo de la cama.
b) Dar mayor rigidez a la cama hospitalaria.
c) Facilitar la incorporación del enfermo.
d) Adaptar al paciente a la cabecera de la cama.

18. ¿Cuál de estos elementos es el primero en el orden de lencería?

a) Hule.
b) Entremetida.
c) Manta.
d) Colcha.

19. ¿Qué número de Celador es recomendable para la técnica de hacer la cama ocupada?

a) Ninguno, ya que se encarga el celador.
b) Uno.
c) Dos.
d) Tres.

20. ¿Qué elementos de estos no puede haber en una cama quirúrgica?

a) Hule o protector.
b) Entremetida.
c) Colchón.
d) Almohada.

En MADTEST tienes **más preguntas de este tema**, y todos tus avances quedan registrados y se reflejan en el ranking.

¡Supera tus límites con MADTEST!

Solución al test n.º 10

1. c) Las funciones del personal subalterno dependen del puesto de trabajo ocupado y se realizan bajo supervisión.

2. c) Harán los servicios de guardia que correspondan dentro de los turnos que se establezcan.

3. a) Al jefe de subalternos.

4. a) Las funciones del celador/a se dividen en tres áreas: guardia y vigilancia, cuidado del paciente, y tareas propias específicas.

5. c) Cuando su realización por el personal femenino no sea idónea o decorosa.

6. d) El/la celador/a.

7. b) Cuando requieran un trato especial en razón de sus dolencias para hacerles las camas.

8. c) Limpiar la mesa y la sala de autopsias.

9. d) Cuando sus funciones no requieran hacer uso de instrumental sobre el cadáver.

10. b) Las Supervisoras de planta o servicio o personas que las sustituyan.

11. a) Una vez superados los enfrentamientos personales, el proyecto sale adelante.

12. a) Unidad de esterilización de instrumental.

13. c) Activador.

14. b) Tomar decisiones sin consenso.

15. a) Equipo transdisciplinar.

16. d) Las opciones b) y c) son correctas.

17. c) Facilitar la incorporación del enfermo.

18. a) Hule.

19. c) Dos.

20. d) Almohada.

La atención al usuario, el derecho a la información y la confidencialidad. Tarjeta Sanitaria

1. El concepto de servicio para el público está relacionado con una serie de factores; señala cuál de los siguientes no es un factor relacionado:

a) Los elementos tangibles que tienen que ver con la apariencia de las instalaciones y el equipo.
b) El cumplimiento del desarrollo de servicio, de forma correcta y oportuna.
c) Un buen equilibrio emocional.
d) La competencia de los profesionales.

2. Para que las relaciones del celador/a con el usuario del servicio sean exitosas se tienen en cuenta una serie de factores; señala el correcto:

a) La gestión de relaciones con el ciudadano debe ser lo más eficaz posible.
b) Se debe definir el límite en la atención al público.
c) Las mejores herramientas a utilizar son aquellas que permiten recopilar y preservar la información para la organización y el ciudadano.
d) Todas son correctas.

3. ¿Cómo definirías el término intencionalidad tan necesario en la relación interpersonal?

a) Es la idea inicial a partir de la cual se analizará y evaluará la situación, para emitir un juicio sobre lo que nos afecta y así plantear conductas y organizar acciones de acuerdo con la información que se posee.
b) Es la determinación de la voluntad en orden a conseguir un fin u objetivo.
c) Es el hacer consciente que se expresa en objetivos.
d) Es el estado afectivo del ánimo que se produce por causas que lo impresionan vivamente y según el cual se tomarán las decisiones.

4. ¿Qué tipo de usuario es el que busca respuestas rápidas porque valora su propio tiempo?

a) Usuario indeciso.
b) Usuario desconfiado.

c) Usuario impulsivo.
d) Usuario agresivo.

5. La Tarjeta Sanitaria Europea (TSE) es válida durante:

a) Un año.
b) Dos años.
c) Tres años.
d) No tiene caducidad.

6. Está obligado a guardar secreto profesional:

a) El médico especialista.
b) El médico y el técnico especialista.
c) Todos los que intervengan en la acción sanitaria del paciente.
d) El médico, el técnico especialista, el enfermero y el TCAE.

7. El tiempo de vigencia del secreto profesional es hasta:

a) La duración de la relación con el paciente.
b) Toda la vida del paciente.
c) Los tres meses después de la relación con el paciente.
d) Incluso hasta después de la muerte del paciente.

8. ¿Qué condición es aquella que posee el secreto profesional del deber de guardar el hecho conocido cuando este pueda producir resultados nocivos o injustos sobre el paciente si se viola el mismo?

a) Condición moral.
b) Condición jurídica.
c) Condición legal.
d) Condición legítima.

9. ¿A quién obliga el secreto profesional a nivel de profesionales de la sanidad constituyentes de equipos o grupos de trabajo?

a) A los facultativos.
b) A los enfermeros.
c) A los auxiliares de enfermería.
d) A los profesionales integrantes del grupo de trabajo.

10. Cualquier menosprecio al secreto profesional será contrario a:

a) Los principios deontológicos de la práctica sanitaria.
b) Los principios éticos de la práctica sanitaria.

c) Los principios éticos y deontológicos de la práctica sanitaria.
d) Los principios éticos, deontológicos y legales de la práctica sanitaria.

11. La violación del secreto profesional puede ocasionar:

a) Exclusivamente responsabilidad civil.
b) Exclusivamente responsabilidad penal.
c) Responsabilidad civil y responsabilidad penal.
d) Responsabilidad profesional o estatutaria, responsabilidad civil y responsabilidad penal.

12. ¿Qué otro requisito de un contrato se requiere junto a los de la causa y el objeto del mismo?

a) Confidencialidad.
b) Protección de datos.
c) Consentimiento.
d) Son ciertas las respuestas a) y c).

13. ¿En qué contexto socioeconómico, sanitario y sociocultural se da el actual consentimiento informado?

a) Paternalista.
b) Bajo el principio de beneficencia.
c) Autonomía y capacidad de decisión del propio paciente.
d) Eugenésico y paternalista.

14. Los profesionales sanitarios no tienen el deber ético de:

a) Respetar del paciente su autonomía, su voluntad y sus decisiones.
b) Actuar con justicia y con discriminación.
c) Evitar el mal y buscar el bien de los pacientes.
d) De todo lo anterior.

15. ¿Cómo se actuará cuando debido a una situación de urgencia, no pueda obtenerse el consentimiento adecuado del afectado?

a) Se informará a la guardia civil del hecho.
b) Se informará a su médico de cabecera.
c) Se podrá proceder inmediatamente a cualquier intervención indispensable desde el punto de vista médico a favor de la salud de la persona afectada.
d) No se podrá hacer nada de lo anterior.

16. ¿Qué fundamento ético es aquel que exige que todas las personas sean tratadas con el mismo respeto y consideración en el orden social?

a) Justicia.
b) No maleficencia.

c) Autonomía.
d) Beneficencia.

17. El consentimiento informado (aceptación):

a) Culmina siempre con la aceptación del paciente a un procedimiento diagnóstico o terapéutico.
b) Culmina con la aceptación/negación del paciente a un procedimiento diagnóstico o terapéutico.
c) Se contempla como un proceso de transmisión de responsabilidades hacia el paciente.
d) Debe constar siempre por escrito.

18. Si un paciente se niega a firmar el Consentimiento Informado:

a) El médico especialista tiene el deber de ejercer la presión necesaria para que cambie de opinión, ya que es lo mejor para su salud.
b) Se le debe instar a firmar su "no autorización" y el alta voluntaria.
c) El enfermo tiene la obligación de revelar por escrito las causas que le llevan a tomar esta decisión.
d) El enfermo no puede negarse, bajo ningún concepto.

19. El derecho de toda persona a que se respete el carácter confidencial de los datos referentes a su salud, se trata del derecho a:

a) La salud.
b) La intimidad.
c) La autonomía.
d) La vida.

20. Según normativa, ¿quién es el titular de derecho a la información asistencial?

a) Exclusivamente el paciente.
b) El paciente y sus familiares.
c) El paciente, sus familiares y si lo hubiese el tutor legal o responsable.
d) El paciente y su cónyuge exclusivamente.

En MADTEST tienes **más preguntas de este tema**, y todos tus avances quedan registrados y se reflejan en el ranking.

¡Supera tus límites con MADTEST!

Solución al test n.º 11

1. c) Un buen equilibrio emocional.

2. d) Todas son correctas.

3. b) Es la determinación de la voluntad en orden a conseguir un fin u objetivo.

4. c) Usuario impulsivo.

5. b) Dos años.

6. c) Todos los que intervengan en la acción sanitaria del paciente.

7. d) Incluso hasta después de la muerte del paciente.

8. a) Condición moral.

9. d) A los profesionales integrantes del grupo de trabajo.

10. d) Los principios éticos, deontológicos y legales de la práctica sanitaria.

11. d) Responsabilidad profesional o estatutaria, responsabilidad civil y responsabilidad penal.

12. c) Consentimiento.

13. c) Autonomía y capacidad de decisión del propio paciente.

14. b) Actuar con justicia y con discriminación.

15. c) Se podrá proceder inmediatamente a cualquier intervención indispensable desde el punto de vista médico a favor de la salud de la persona afectada.

16. a) Justicia.

17. b) Culmina con la aceptación/negación del paciente a un procedimiento diagnóstico o terapéutico.

18. b) Se le debe instar a firmar su "no autorización" y el alta voluntaria.

19. b) La intimidad.

20. a) Exclusivamente el paciente.

Habilidades sociales y comunicación. El ciudadano como centro de nuestro Sistema Sanitario. La comunicación como herramienta de trabajo. Estilos de comunicación

1. Señala cuál de las siguientes no es una función de la comunicación:

a) Es el medio por el cual se transmite un mensaje.
b) Proporciona la información que los individuos y grupos necesitan para tomar decisiones y evaluar opiniones alternativas.
c) Fomenta la motivación entre las personas.
d) Permite la integración social.

2. Señala cuál de las siguientes es la definición correcta de comunicación aportada por la UNESCO:

a) Proceso mediante el cual se transmite información, sentimientos, pensamientos, y/o cualquier otra cosa que pueda ser transmitida.
b) Proceso en el que intervienen dos elementos: emisor y receptor.
c) Proceso de interacción social, a través de un intercambio equilibrado de información y experiencia entre un emisor y un receptor.
d) Transmisión de señales mediante un código común entre el emisor y receptor.

3. Los espectadores de un programa televisivo son:

a) Emisores.
b) Receptores.
c) Fuente.
d) Canal de comunicación.

4. En función del medio o canal la comunicación se clasifica en:

a) Oral, escrita y auditiva.
b) Oral y audiovisual.
c) Oral, por gesto, escrita y por símbolos.
d) Oral, escrita y gestos.

5. Son técnicas activas de comunicación:

a) La escucha activa.
b) Los gestos.
c) La sonrisa.
d) Comunicación impersonal.

6. Cuando un celador/a es asertivo es porque:

a) No acepta las decisiones de los demás.
b) Defiende solo sus derechos propios.
c) Hay una comunicación mutua entre el usuario y el/la celador/a en la que ambos captan los sentimientos y la realidad del otro.
d) Tiene el valor suficiente para mostrarse como uno es, con nuestras limitaciones y virtudes.

7. El conjunto de comportamientos y expresiones que adopta el celador ante el enfermo o sus familiares para comunicarle, de distintas maneras, que ha entendido y/o comprendido lo que le ha expresado el paciente, se denomina:

a) Fluidez verbal.
b) Empatía.
c) Escucha activa.
d) Asertividad.

8. El proceso de comunicación termina:

a) Cuando ha terminado el emisor.
b) Cuando el receptor ha codificado el mensaje.
c) Cuando el receptor ha entendido el mensaje.
d) Cuando el emisor ha codificado el mensaje.

9. Señala el enunciado correcto en relación con el *feedback* de la comunicación:

a) La retroalimentación indica cómo se ha establecido el mensaje entre ambas partes y se comprende lo que se quiere transmitir.
b) A través del *feedback* la fuente puede comprobar en qué grado el mensaje se ha descodificado por el receptor.
c) Cuando se establece comunicación entre emisor y receptor se habla de *feedback*.
d) Todas son correctas.

10. Un ruido es:

a) Una injerencia que tiene el emisor.
b) Una injerencia que tiene el receptor.

c) Una interferencia que tiene el mensaje para llegar a su destino.
d) Un elemento de comunicación.

11. ¿Qué tipo de comunicación emplea el/la celador/a cuando emite el mensaje y una vez que es recibido por el receptor, este ejecuta una tarea?

a) Comunicación transversal.
b) Comunicación horizontal.
c) Comunicación participativa.
d) Comunicación unidireccional.

12. Según el canal de comunicación, está no puede ser:

a) Unidireccional.
b) Bidireccional.
c) Interna y externa.
d) Multidireccional.

13. La actitud es:

a) Una disposición estable de la personalidad para reaccionar ante ciertas situaciones mediante conductas sistemáticas y uniformes.
b) La capacidad de una persona para realizar adecuadamente cierta actividad.
c) La habilidad para adquirir cierto tipo de conocimientos.
d) Todas son correctas.

14. En toda actitud hay una serie de componentes; señala de los siguientes cuál no se relaciona con la la actitud:

a) El cognoscitivo.
b) El afectivo.
c) El educativo.
d) El conductual.

15. ¿Qué aspecto es propio de la escucha activa?

a) No estar en silencio.
b) Atender y demostrarle que se ha entendido y comprendido lo que el enfermo o familiar ha dicho a través de alguna afirmación.
c) Interrumpir a la otra persona para preguntarle sobre lo que nos habla.
d) Responder siempre a lo manifestado por el paciente.

16. ¿Qué aspecto es propio de la escucha pasiva?

a) Un gesto.
b) Un movimiento afirmativo.

c) Una sonrisa.
d) Todas son correctas.

17. Una de las siguientes fases de ayuda interpersonal entre el/la celador/a y el paciente no es correcta:

a) Fase preparatoria.
b) Fase de contacto.
c) Fase de ejecución.
d) Fase de conclusión.

18. La empatía:

a) Es un elemento fundamental en la relación con los celadores.
b) Es ponerse en el lugar del usuario.
c) Es compartir los sentimientos y la realidad del otro.
d) Todas son correctas.

19. La capacidad de expresarse como uno es, de manera clara, libre y sencilla, comunicándose en el momento justo y con la persona indicada se denomina:

a) Escucha activa.
b) Empatía.
c) Sumisión.
d) Asertividad.

20. ¿Cómo se denomina el tiempo que pasa entre que el paciente deja de hablar y responde el/la celador/a?

a) *Feedback*.
b) Interferencia.
c) Reactividad.
d) Descodificación.

En MADTEST tienes **más preguntas de este tema**, y todos tus avances quedan registrados y se reflejan en el ranking.

¡Supera tus límites con MADTEST!

Solución al test n.º 12

1. a) Es el medio por el cual se transmite un mensaje.

2. c) Proceso de interacción social, a través de un intercambio equilibrado de información y experiencia entre un emisor y un receptor.

3. b) Receptores.

4. c) Oral, por gesto, escrita y por símbolos.

5. a) La escucha activa.

6. d) Tiene el valor suficiente para mostrarse como uno es, con nuestras limitaciones y virtudes.

7. c) Escucha activa.

8. c) Cuando el receptor ha entendido el mensaje.

9. d) Todas son correctas.

10. c) Interferencia que tiene el mensaje para llegar a su destino.

11. d) Comunicación unidireccional.

12. c) Interna y externa.

13. a) Una disposición estable de la personalidad para reaccionar ante ciertas situaciones mediante conductas sistemáticas y uniformes.

14. c) Educativo.

15. b) Atender y demostrarle que se ha entendido y comprendido lo que el enfermo o familiar ha dicho a través de alguna afirmación.

16. d) Todas son correctas.

17. a) Fase preparatoria.

18. d) Todas son correctas.

19. d) Asertividad.

20. c) Reactividad.

TEST N.º 13

El celador en su relación con los pacientes. Aseo, traslado y movilidad de los pacientes. Técnicas de movilización de pacientes. Actuación en la UCI. Uso y mantenimiento del material (auxiliar, grúas, transfer, sillas, camillas, sujeciones, correas...).

1. Los pacientes que, conservando o no la movilidad, deban permanecer en cama:

a) Podrán ser aseados en bañera siempre con ayuda del personal que en número sea necesario.
b) Se les realizará un baño completo en la cama.
c) Pueden ser aseados en silla para evitar la humedad de la cama.
d) Se le preguntará al paciente cómo desea ser aseado.

2. Los aseos de los enfermos podrán ser realizados:

a) En ducha, bañera y cama.
b) En bañera y cama.
c) En ducha y cama.
d) De pie y acostado.

3. A la hora de realizar un aseo del paciente se debe tener en cuenta:

a) Evitar corrientes de aire.
b) Lavar cada zona del cuerpo dos veces.
c) La temperatura ambiental adecuada en la habitación será de 18 a 20 ºC.
d) La temperatura adecuada del agua para el baño es de 24 ºC aproximadamente.

4. Generalmente la temperatura del agua para el baño del paciente, salvo indicación contraria estará entre:

a) 17-20 ºC.
b) 27-37 ºC.

c) 37-40 °C.
d) 22-24 °C.

5. Cuando se asea a un paciente en la bañera, se debe comprobar la temperatura del agua con:

a) Termómetro de baño.
b) El codo.
c) La mano.
d) Todas las respuestas son correctas.

6. Cuando el enfermo se encuentre encamado, el baño completo en cama:

a) No debe realizarse en ningún caso.
b) Debe realizarse solo en casos excepcionales.
c) Debe realizarse todos los días y las veces que sea necesario.
d) Debe realizarse una vez al día.

7. El lavado de los genitales externos de un paciente encamado debe hacerse siguiendo el orden:

a) De zona anal a pubis.
b) De pubis a ano.
c) Es indiferente.
d) Todas las respuestas son falsas.

8. ¿Cómo se llaman las estructuras complementarias de la piel?

a) Fanecas.
b) Fanegas.
c) Faneras.
d) Fanebas.

9. La piel está formada por varias capas. Señala la respuesta incorrecta:

a) Glándulas sudoríparas.
b) Hipodermis.
c) Epidermis.
d) Dermis.

10. ¿Cuál es la capa media de la piel?

a) Epidermis.
b) Hipodermis.

c) Tejido subcutáneo.

d) Dermis.

11. Señala la respuesta incorrecta. Con un correcto aseo del paciente se pretende:

a) Conservar el buen estado de la piel.

b) Estimular la circulación sanguínea.

c) Refrescar al paciente.

d) Curar la patología que pueda haberse producido por infecciones bacterianas.

12. Si el celador o la celadora tuviera que asear a un paciente enfermo empezaría por:

a) El tórax y las extremidades superiores.

b) Los pies.

c) La cara, el cuello y las orejas.

d) La zona genital.

13. El cambio de camisón del enfermo encamado con suero se hará:

a) Sacando la manga del camisón del brazo libre del sistema de suero.

b) Teniendo la precaución de no bajar el bote de suero por debajo de la zona del brazo del paciente en la que esta insertado el catéter.

c) Quitar el bote del palo de suero y después sacar la manga del brazo que tiene el sistema, considerando el sistema de suero y el recipiente del mismo como partes del brazo.

d) Todas son correctas.

14. ¿De quién deben recibir instrucciones los celadores o las celadoras para bañar a los enfermos masculinos cuando no puedan hacerlo por sí mismos?

a) Del Técnico de planta.

b) Del Ayudante de Planta.

c) Del Gerente.

d) De las Supervisoras de plantas o servicios o personas que las sustituyan.

15. Tanto si se trata de baño completo o parcial, uno de los principios a seguir a la hora de abordar al enfermo es:

a) Actuar lentamente para disminuir el riesgo de cansancio.

b) Moverlo rápidamente.

c) Cubrir al paciente con una sábana de forma parcial.

d) Descubrir todo el cuerpo y cubrir la zona a limpiar.

16. El baño en la cama completo se hará como mínimo:

a) Cuando cambie cada turno.

b) Cuando el paciente lo solicite.

c) Mínimo una vez al día, por la mañana.

d) Al menos una vez a la semana.

17. La preparación del material necesario para el aseo del paciente se realizará:

a) Después de preparar el agua entre 37 y 40º C.

b) Después de informar al paciente.

c) Antes de comenzar el procedimiento.

d) Una vez que se ha lavado al paciente.

18. El aseo de aquellos pacientes que, conservando o no la movilidad, deben permanecer en la cama, exige como procedimiento que:

a) Se desnude completamente al paciente.

b) Se destapen aquellas partes que vayan a ser lavadas.

c) Se coloque al paciente en posición de decúbito lateral.

d) El celador se coloque un delantal antes del inicio del procedimiento.

19. Señala la respuesta incorrecta. Una norma general para el aseo es:

a) Temperatura del agua para el baño entre 27 - 30º C.

b) Lavar cada zona del cuerpo una vez.

c) Secar perfectamente al paciente.

d) Procurar preservar la intimidad del paciente.

20. El baño completo en la cama para los pacientes que están hospitalizados encamados debe realizarse:

a) En casos excepcionales.

b) Tantas veces como sea necesario.

c) Cuando la enfermera lo indique.

d) Cada dos días.

En MADTEST tienes **más preguntas de este tema**, y todos tus avances quedan registrados y se reflejan en el ranking.

¡Supera tus límites con MADTEST!

Solución al test n.º 13

1. b) Se les realizará un baño completo en la cama.

2. a) En ducha, bañera y cama.

3. a) Evitar corrientes de aire.

4. c) 37-40 ºC.

5. a) Termómetro de baño.

6. c) Debe realizarse todos los días y las veces que sea necesario.

7. b) De pubis a ano.

8. c) Faneras.

9. a) Glándulas sudoríparas.

10. d) Dermis.

11. d) Curar la patología que pueda haberse producido por infecciones bacterianas.

12. c) La cara, el cuello y las orejas.

13. d) Todas son correctas.

14. d) De las Supervisoras de plantas o servicios o personas que las sustituyan.

15. c) Cubrir al paciente con una sábana de forma parcial.

16. c) Mínimo una vez al día, por la mañana.

17. c) Antes de comenzar el procedimiento.

18. b) Se destapen aquellas partes que vayan a ser lavadas.

19. a) Temperatura del agua para el baño entre 27 - 30º C.

20. b) Tantas veces como sea necesario.

TEST N.º 14

La Zona Básica de Salud, los Equipos de Atención Primaria y el Centro de Salud. La actuación del Celador en los Equipos de Atención Primaria

1. ¿Qué artículo de Ley General de Sanidad determina que serán las Comunidades Autónomas las que delimiten y constituyan en su territorio demarcaciones territoriales denominadas Áreas de Salud, en las que se organice un sistema sanitario coordinado e integral?

a) El art. 46.
b) El art. 49.
c) El art. 54.
d) El art. 56.

2. Con la finalidad de alcanzar la máxima operatividad y eficacia en la organización y funcionamiento del Sistema Sanitario Público a nivel primario, cada Área de Salud se divide territorialmente en:

a) Zonas Básicas de Salud.
b) Áreas de Salud.
c) Distritos Sanitarios Básicos.
d) Departamentos Sanitarios Elementales.

3. La delimitación del marco territorial que abarcará cada Zona de Salud se hará teniendo en cuenta criterios demográficos, geográficos y sociales, y será llevada a cabo por:

a) El Ministerio de Sanidad.
b) Las Comunidades Autónomas.
c) Las Corporaciones Locales.
d) El Estado por medio de la Secretaría General de Salud.

4. Como norma general, la Zona Básica de Salud abarcará a una población comprendida entre:

a) Los dos mil y los quince mil habitantes.
b) Los tres mil y los veinte mil habitantes.
c) Los cinco mil y los veinticinco mil habitantes.
d) Los diez mil y los treinta mil habitantes.

5. ¿Cuál de los siguientes factores no habrá de tenerse en cuenta en la delimitación de las zonas básicas, según dispone el art. 62 LGS?

a) El grado de concentración o dispersión de la población.
b) Las instalaciones y recursos sanitarios de la Zona.
c) La edad media de la población de la Zona.
d) Las isocronas o las distancias máximas de las agrupaciones de población más alejadas de los servicios y el tiempo normal a invertir en su recorrido usando los medios ordinarios.

6. ¿Cómo se denomina al conjunto de profesionales sanitarios y no sanitarios cuyo ámbito territorial principal de actuación es la Zona Básica de Salud y con localización física principal en el Centro de Salud?

a) Equipo de Atención Primaria.
b) Personal Básico Sanitario.
c) Equipo Básico de Salud.
d) Grupo de Atención Primaria.

7. ¿Cuándo podrán las Zonas de Salud abarcar a una población superior a los veinticinco mil habitantes?

a) En ningún caso.
b) Excepcionalmente, y cuando las circunstancias demográficas así lo aconsejen.
c) Como norma general las Zonas de Salud abarcan hasta una población de 30.000 habitantes.
d) Ninguna respuesta es correcta.

8. Como norma general, la dedicación del personal sanitario del Equipo de Atención Primaria será de:

a) Treinta y cinco horas semanales.
b) Treinta y siete horas y media semanales.
c) Cuarenta horas semanales.
d) Cuarenta y dos horas semanales.

9. ¿De quién depende funcionalmente el Equipo de Atención Primaria?

a) De un Coordinador Médico.
b) Del Director Médico del Centro Sanitario.
c) Del Jefe Sanitario de la Zona.
d) Del Director Técnico del Distrito Sanitario.

10. ¿Por cuánto tiempo es nombrado el Coordinador Médico del Equipo de Atención Primaria?

a) Por periodos semestrales.
b) Por un año renovable por igual periodo.
c) Por dos años renovables una sola vez.
d) Por tiempo indefinido.

11. ¿Cómo se denomina a la estructura física y funcional que permite el adecuado desarrollo de una atención primaria de salud coordinada global, integral, permanente y continuadamente, y con base en el trabajo de equipo de los profesionales sanitarios y no sanitarios que actúan en el mismo?

a) Ambulatorio.
b) Consultorio.
c) Centro de Salud.
d) Hospital.

12. ¿Dónde desarrolla sus actividades y funciones el Equipo de Atención Primaria?

a) En los Hospitales.
b) En los Centros de Salud.
c) En los Ambulatorios.
d) En los Consultorios.

13. Una de las funciones de los Centros de Salud es:

a) Albergar los recursos materiales precisos para la realización de las exploraciones complementarias de que se pueda disponer en la zona.
b) Facilitar el trabajo en equipo de los profesionales sanitarios de la zona.
c) Servir como centro de reunión entre la comunidad y los profesionales sanitarios.
d) Todas las respuestas son correctas.

14. ¿Qué Administración es la encargada de aprobar el Reglamento General de Organización y Funcionamiento de los Centros de Salud?

a) El Estado, a través del Ministerio de Sanidad y política Social.
b) Las Comunidades Autónomas.

c) Los Ayuntamientos.

d) Las Diputaciones Provinciales.

15. Señala la respuesta incorrecta con respecto a la atención primaria:

a) La Atención Primaria de Salud constituye el primer nivel de acceso ordinario de la población al Sistema Sanitario.

b) Será prestada en cada zona básica de salud por los profesionales que desarrollan su actividad en la misma y que constituyen los equipos de atención especializada.

c) Se caracteriza por prestar atención integral a la salud.

d) Uno de los objetivos de la atención primaria de salud es la vigilancia epidemiológica.

16. Señala la respuesta incorrecta respecto a las zonas básicas de salud:

a) En la zona básica de salud desarrollan las actividades sanitarias los Centros de salud, centros integrales de atención primaria.

b) Una Zona Básica de Salud está constituida por la totalidad o parte de un territorio municipal, o la agrupación de barrios, localidades, entidades no municipales, etc.

c) La Zona Básica de Salud delimita una Zona Médica, y está constituida por uno o varios Partidos Médicos, separados en distritos.

d) La Zona Básica de Salud es la demarcación poblacional y geográfica fundamental, delimitada a una determinada población, siendo accesible desde todos los puntos y capaz de proporcionar una atención de salud continuada, integral, permanente con el fin de coordinar las funciones sanitarias afines.

17. Integra el Equipo de Atención Primaria:

a) Los Funcionarios Técnicos del Estado al Servicio de la Sanidad Local, adscritos a los Cuerpos de Médicos, Practicantes y, en su caso, Matronas titulares, radicados en la Zona.

b) Los Trabajadores Sociales o Asistentes Sociales.

c) El personal preciso para desempeñar las tareas de administración, recepción de avisos, información, cuidados de mantenimiento y aquellos otros que se estimen necesarios para el mejor funcionamiento del Centro.

d) Todas las respuestas son correctas.

18. Con respecto a la jornada de trabajo de los Equipos de Atención Primaria es de destacar que se establecerán turnos rotativos entre los miembros del Equipo para la asistencia continuada de urgencia, que en general, se centralizarán en el Centro de Salud:

a) De lunes a viernes las 24 horas.

b) De lunes a viernes en horario de mañana.

c) De lunes a sábado de 8 a 22 horas.

d) Todos los días de la semana.

19. ¿Cuál de las siguientes habilidades sociales permite al celador comprender las emociones del paciente sin necesidad de que sean expresadas verbalmente?

a) Asertividad.
b) Escucha activa.
c) Empatía.
d) Cortesía.

20. ¿Qué acción demuestra una actitud de cortesía en el entorno hospitalario?

a) Dar prioridad a otros profesionales sobre el paciente.
b) Tratar al ciudadano con respeto, evitando juicios y manteniendo una actitud profesional.
c) Ignorar los comentarios emocionales del paciente para evitar malentendidos.
d) Aconsejar al paciente sobre sus decisiones médicas.

En MADTEST tienes **más preguntas de este tema**, y todos tus avances quedan registrados y se reflejan en el ranking.

¡Supera tus límites con MADTEST!

Solución al test n.º 14

1. d) El art. 56.

2. a) Zonas Básicas de Salud.

3. b) Las Comunidades Autónomas.

4. c) Los cinco mil y los veinticinco mil habitantes.

5. c) La edad media de la población de la Zona.

6. a) Equipo de Atención Primaria.

7. b) Excepcionalmente, y cuando las circunstancias demográficas así lo aconsejen.

8. c) Cuarenta horas semanales.

9. a) De un Coordinador Médico.

10. d) Por tiempo indefinido.

11. c) Centro de Salud.

12. b) En los Centros de Salud.

13. d) Todas las respuestas son correctas.

14. b) Las Comunidades Autónomas.

15. b) Será prestada en cada zona básica de salud por los profesionales que desarrollan su actividad en la misma y que constituyen los equipos de atención especializada.

16. c) La Zona Básica de Salud delimita una Zona Médica, y está constituida por uno o varios Partidos Médicos, separados en distritos.

17. d) Todas las respuestas son correctas.

18. d) Todos los días de la semana.

19. c) Empatía.

20. b) Tratar al ciudadano con respeto, evitando juicios y manteniendo una actitud profesional.

Recepción, movilización y traslado de pacientes en urgencias. El transporte de enfermos en ambulancia. Criterios de actuación del Celador en urgencias frente a traumatismos, heridas, quemaduras y asfixia. Nociones generales sobre primeros auxilios. Reanimación cardiopulmonar básica

1. Entre las ambulancias no asistenciales se encuentran:

a) Ambulancias A1 o convencionales.
b) Ambulancias de clase A2 o de transporte colectivo.
c) Ambulancias medicalizadas.
d) Las respuestas a) y b) son correctas.

2. La sala de triaje de una unidad de urgencias hospitalaria también se llama:

a) Sala de reanimación.
b) Sala de despertar.
c) Filtro.
d) Box de urgencias.

3. El espacio físico donde se ubican los PAC (Puntos de Atención Continuada) son:

a) Ambulatorios.
b) Centros de especialidades.
c) Centros de salud.
d) Unidades de urgencias hospitalarias.

4. La prestación de asistencia en un PAC (Puntos de Atención Continuada) se realizará mediante la modalidad de:

a) Presencia física.
b) Guardias localizadas.
c) Indistintamente presencia física o guardias localizadas.
d) Los médicos harán guardias localizadas y el resto del personal, presencia física.

5. Al llegar un enfermo a la puerta de urgencias, sin posibilidad de andar por sí mismo, el celador:

a) Le ayudará a bajar del coche para que pase a que le atiendan.
b) Sacará una silla de ruedas para pasarlo al reconocimiento.
c) Se quedará en la puerta esperando a que el médico le ordene ayudar al enfermo.
d) Lo trasladará siempre en camilla.

6. ¿Cuál de las siguientes es una tarea de recepción del celador en la entrada de urgencias?

a) Trasladar al paciente al mostrador de admisión de urgencias para que facilite sus datos.
b) Mantener la entrada de urgencias convenientemente surtida de sillas de ruedas y camillas.
c) Indicar a los acompañantes que pasen a la sala de espera en donde serán informados.
d) Todas las opciones anteriores son correctas.

7. ¿Cuál de las siguientes funciones correspondería al celador de puerta de urgencias?

a) Vigilar la entrada y salida de enfermos.
b) Comentar los posibles diagnósticos con la familia.
c) Descargar los vehículos que llegan a la institución transportando suministros.
d) Vigilancia nocturna del exterior del edificio.

8. Si traen una persona herida al servicio de urgencias del hospital, ¿qué es lo primero que haría?

a) Avisar al médico.
b) Salir a recibir al enfermo.
c) Preparar una transfusión de sangre.
d) Preguntarle los datos de la seguridad social.

9. ¿Qué debe hacer el celador de puerta de urgencias de un hospital cuando llega una ambulancia con un paciente?

a) Ayuda al conductor de la ambulancia a llevar al paciente a dar sus datos.
b) Sale a recibir al paciente, lo deja generalmente en la consulta triaje y acompaña a sus familiares a admisión para que les tomen los datos del mencionado paciente.
c) Lleva al paciente a la sala de exploraciones y toma él mismo los datos del paciente.
d) Espera dentro del centro a que el conductor de la ambulancia pase al enfermo.

10. Una persona acude al servicio de urgencias diciendo que en el exterior hay una persona en el suelo que necesita ayuda urgente; en este caso el celador:

a) Le dice que lo acerque para que lo vea el médico.
b) Le facilita una silla de ruedas para que traslade al enfermo.

c) Se cerciorará de los hechos e informará de inmediato al personal sanitario, siguiendo sus instrucciones para movilizar al paciente.

d) Le indicará que llame al 061.

11. ¿Qué personal es el encargado de recoger los datos personales y de derecho a la asistencia sanitaria en un servicio de urgencias de un hospital?

a) La supervisora de urgencias.

b) El celador.

c) Personal auxiliar administrativo.

d) Médico de urgencias.

12. ¿Qué es lo primero que haría un celador ante un paciente que presenta una fractura en una pierna?

a) No movilizar la pierna hasta recibir instrucciones.

b) Intentar colocarle el hueso en su sitio.

c) Llevarlo como sea a la sala de yesos.

d) Darle un calmante.

13. Los dispositivos de urgencias sanitarias garantizan a los usuarios del Sistema Sanitario Público una atención continuada, y para ello:

a) Tratan todo tipo de procesos.

b) Traslada a todos los pacientes al ambulatorio más cercano para su tratamiento.

c) Garantizan a los usuarios una atención sanitaria durante las 24 horas del día.

d) No tienen en cuenta la gravedad del paciente para su asistencia.

14. Es una característica de la urgencia:

a) El déficit de salud de un individuo que requiere atención inmediata.

b) Una situación de emergencia colectiva.

c) Una situación desestabilización social en que entran en juego las fuerzas de la naturaleza.

d) Una situación de riesgo universal.

15. De las siguientes afirmaciones, ¿cuál de ellas expresa alguna característica propia del término «emergencia»?

a) Es un tipo agravado de urgencia en la que existe un peligro inmediato, real o potencial, para la vida del paciente.

b) Existe peligro de secuelas para el paciente.

c) Suceso que provoca en el organismo una lesión y es de forma fortuita.

d) Suceso que altera el orden normal de las cosas y provoca una gran necesidad de asistencia sanitaria.

16. Se considera «emergencia» a aquella situación que:

a) Supone una pérdida de calidad de vida para la persona y debe ser atendida de forma preferente.

b) Es percibida como tal por el usuario.

c) Supone una amenaza inmediata para la vida o salud de la persona.

d) Es definida como tal por Atención Primaria.

17. Uno de los siguientes dispositivos de urgencias actuales extrahospitalarios no es correcto; indica cuál:

a) Servicios Normales de Urgencias.

b) Servicio y Unidades de Urgencias.

c) Servicios de Urgencias de los Centros de Salud o PAC.

d) Servicios de Urgencias y Emergencias Sanitarias.

18. De los siguientes uno No es un Servicio de Urgencias y Emergencias Sanitarias; señálalo:

a) SAMU.

b) 091.

c) 112.

d) SOS emergencias.

19. Las Unidades de Urgencias de los Hospitales Generales y Especialidades prestan asistencia:

a) Ambulatoria.

b) Domiciliaria.

c) Especializada.

d) Básica.

20. Los hospitales que atienden urgencias de todas las especialidades, ¿a qué nivel pertenecen?

a) Al nivel 4.

b) Al nivel 3.

c) Al nivel 2.

d) Al nivel 1.

En MADTEST tienes **más preguntas de este tema**, y todos tus avances quedan registrados y se reflejan en el ranking.

¡Supera tus límites con MADTEST!

Solución al test n.º 15

1. d) Las respuestas a) y b) son correctas.

2. c) Filtro.

3. c) Centros de salud.

4. a) Presencia física.

5. b) Sacará una silla de ruedas para pasarlo al reconocimiento.

6. d) Todas las opciones anteriores son correctas.

7. a) Vigilar la entrada y salida de enfermos.

8. b) Salir a recibir al enfermo.

9. b) Sale a recibir al paciente, lo deja generalmente en la consulta triaje y acompaña a sus familiares a admisión para que les tomen los datos del mencionado paciente.

10. c) Se cerciorará de los hechos e informará de inmediato al personal sanitario, siguiendo sus instrucciones para movilizar al paciente.

11. c) Personal auxiliar administrativo.

12. a) No movilizar la pierna hasta recibir instrucciones.

13. c) Garantizan a los usuarios una atención sanitaria durante las 24 horas del día.

14. a) El déficit de salud de un individuo que requiere atención inmediata.

15. a) Es un tipo agravado de urgencia en la que existe un peligro inmediato, real o potencial, para la vida del paciente.

16. c) Supone una amenaza inmediata para la vida o salud de la persona.

17. b) Servicio y Unidades de Urgencias.

18. b) 091.

19. c) Especializada.

20. b) Al nivel 3.

TEST N.º 16

El Celador en el Área de Consultas Externas. El Celador en Salud Mental. La actuación del celador en relación al enfermo mental. Actuación del Celador en el Servicio de Farmacia

1. Entendemos por psiquiatría:

a) Una rama de la medicina.
b) La parte de la medicina que tiene por objeto el estudio y prevención de las enfermedades mentales.
c) Una parte de la medicina que tiene por objeto el diagnóstico y tratamiento de las enfermedades mentales.
d) Todas son ciertas.

2. En las unidades de hospitalización psiquiátrica no se dedican a:

a) Desintoxicación.
b) Evaluación y progreso diagnóstico.
c) Reinserción social.
d) Fracaso de tratamientos ambulatorios.

3. La finalidad de los centros día en salud mental es:

a) La recuperación de habilidades para integrarse en la sociedad.
b) La desintoxicación de drogas de abuso.
c) La integración y terapia familiar.
d) Todas son ciertas.

4. El trastorno depresivo mayor en salud mental se caracteriza por:

a) Preocupación, autocrítica y pensamientos de autodevaluación.
b) La falta de energía, sobre todo en hombres.
c) Está caracterizado por uno o más episodios depresivos mayores.
d) Episodios de delirios, alucinaciones y TCA.

5. El lenguaje demasiado bajo se denomina:

a) Musitación.
b) Coprolalia.
c) Dislalia.
d) Logorrea.

6. La esquizofrenia:

a) Es una psicosis de inicio precoz.
b) Presenta formas de lenguaje peculiares.
c) No se conoce su etiología.
d) Todas son ciertas.

7. Es falso que las demencias:

a) Se caracterizan por el deterioro de la memoria.
b) Es un síndrome adquirido.
c) Se desconoce su etiología.
d) Es más frecuente en mujeres.

8. La enfermedad de Pick es:

a) Una demencia que aparece en personas de mediana edad.
b) Un trastorno compulsivo que aparece en la adolescencia.
c) Una alteración de la memoria secundaria a una alteración vascular.
d) Ninguna es cierta.

9. Entre las funciones del celador en relación con el enfermo mental encontramos:

a) Ayudar al aseo personal de los pacientes que lo precisen.
b) Favorecer el descanso nocturno.
c) Controlar el accedo y la circulación de personas por la unidad.
d) Todas son ciertas.

10. El miedo irracional a los espacios abiertos se denomina:

a) Claustrofobia.
b) Dismorfobia.
c) Agorafobia.
d) Eritrofobia.

11. ¿Cómo se denomina a toda materia, cualquiera que sea su origen a la que se atribuye una actividad apropiada para constituir un medicamento?

a) Excipiente.
b) Principio activo.

c) Fórmula magistral.
d) Premezcla.

12. ¿Qué nombre recibe la disposición a que se adaptan los principios activos y excipientes para constituir un medicamento?

a) Forma magistral.
b) Forma excepcional.
c) Forma copérnica.
d) Forma farmacéutica.

13. Aquel medicamento elaborado y garantizado por un farmacéutico o bajo su dirección, dispensado en una oficina de farmacia o servicio farmacéutico, enumerado y descrito por el Formulario, se denomina preparado o fórmula:

a) Oficinal.
b) Magistral.
c) Medicinal.
d) Oficial.

14. ¿Cómo se denomina el criterio de valoración de mercancías que contempla que la valoración de las salidas del almacén se hace teniendo en cuenta que la primera unidad que sale es la que entró la última?

a) Método de Pareto.
b) Método FIFO.
c) Método LIFO.
d) Método «ABC».

15. Señala cuál de las siguientes no es una de las características mínimas que ha de reunir la zona estéril del Área de citostáticos:

a) Ha de contar con una campana de flujo laminar vertical.
b) Debe disponer de una habitación separada con presión positiva.
c) No ha de tener recirculación de aire ni aire acondicionado ambiental.
d) Debe contar con un área o zona aislada físicamente del resto del servicio en la que no se realicen otras operaciones.

16. ¿Durante cuánto tiempo habrá de lavarse con agua y jabón la zona de la piel afectada por contacto directo con un agente citostático?

a) Durante cinco minutos, con agua, jabón y lejía rebajada con agua.
b) Durante cinco minutos, con agua y jabón.
c) Durante unos 10 minutos.
d) Durante unos 15 minutos.

17. Actualmente, en los Hospitales, el suministro de medicamentos desde el Servicio de Farmacia se realiza mediante la fórmula o método:

a) Tradicional.
b) De «unidosis» o dosis única.
c) De dosis diarias.
d) De dosis semanales.

18. ¿A quién corresponde en el método tradicional de distribución de medicamentos realizar los pedidos de los mismos?

a) A los celadores.
b) Al personal de enfermería.
c) A la supervisora de planta.
d) A los FIR (Farmacéuticos Internos Residentes).

19. El alcohol que se utiliza en las unidades del Hospital está «rebajado» porque se mezcla con agua destilada, por ser más conveniente en el uso terapéutico, suministrándose a:

a) 30 grados.
b) 50 grados.
c) 70 grados.
d) 75 grados.

20. Antes de acudir al oftalmólogo, si el agente citostático salpica los ojos se enjuagará el ojo afectado con agua o solución isotónica durante:

a) Máximo cinco minutos.
b) Máximo diez minutos.
c) Al menos diez minutos.
d) Al menos 15 minutos.

En MADTEST tienes **más preguntas de este tema**, y todos tus avances quedan registrados y se reflejan en el ranking.

¡Supera tus límites con MADTEST!

Solución al test n.º 16

1. d) Todas son ciertas.

2. c) Reinserción social.

3. a) La recuperación de habilidades para integrarse en la sociedad.

4. c) Está caracterizado por uno o más episodios depresivos mayores.

5. a) Musitación.

6. d) Todas son ciertas.

7. c) Se desconoce su etiología.

8. a) Una demencia que aparece en personas de mediana edad.

9. d) Todas son ciertas.

10. c) Agorafobia.

11. b) Principio activo.

12. d) Forma farmacéutica.

13. a) Oficinal.

14. c) Método LIFO.

15. b) Debe disponer de una habitación separada con presión positiva.

16. c) Durante unos 10 minutos.

17. b) De «unidosis» o dosis única.

18. c) A la supervisora de planta.

19. c) 70 grados.

20. d) Al menos 15 minutos.

TEST N.º 17

Cuidados del paciente contagioso: tipos de aislamientos

1. Manuel acude al hospital por problemas gastrointestinales: presenta náuseas, vómitos, diarrea y fiebre. Después de la realización de un coprocultivo se le diagnostica salmonelosis, enfermedad infecciosa. Señala el enunciado correcto en relación con la enfermedad infecciosa:

a) Presenta la participación de un agente causal vivo (Salmonella).
b) Precisa de la participación de un agente endógeno.
c) Presenta respuesta orgánica (náuseas, vómitos, diarrea y fiebre).
d) Las respuestas a) y c) son correctas.

2. Organismo vivo o fuerza animada cuya presencia puede provocar la enfermedad al entrar en contacto con un huésped susceptible. Es el concepto de:

a) Infectividad.
b) Inmunidad.
c) Contagiosidad.
d) Agente etiológico o causal.

3. La simbiosis es una interacción entre agente y huésped en que:

a) El agente vive a costa del huésped y además le perjudica.
b) El agente vive a costa del huésped pero no le perjudica.
c) Existe una vida en común entre ambos, de tal forma que los dos se benefician.
d) El agente utiliza al huésped para multiplicarse.

4. Cuando el agente causal vive a costa del huésped pero no le perjudica. Esta relación se denomina:

a) Mutualismo.
b) Sedentarismo.
c) Comensalismo.
d) Simbiosis.

5. Denominamos virulencia en las enfermedades trasmisibles:

a) Al poder patógeno que tiene el microorganismo sobre el huésped.
b) Al grado o cantidad de enfermedad que puede producir el agente causal.
c) A la capacidad del microorganismo de multiplicarse en el huésped.
d) A la capacidad que tiene el agente causal para extenderse.

6. ¿Cómo se denomina a la habilidad del agente causal para producir reacción inmunológica local o general?

a) Antigenicidad.
b) Virulencia.
c) Contagiosidad.
d) Inflamación.

7. La inmunogenicidad, ¿a qué puede afectar?

a) A la patogenicidad y a la contagiosidad.
b) A la infectividad y a la patogenicidad.
c) A la patogenicidad y a la virulencia.
d) A la virulencia e infectividad.

8. Patogenicidad es:

a) Capacidad del agente de propagarse.
b) Capacidad del agente etiológico de instalarse en los tejidos.
c) Capacidad del agente etiológico de producir la enfermedad entre los infectados.
d) Capacidad de un organismo a resistirse a la enfermedad.

9. En cuanto al reservorio es falso que:

a) Es uno de los componentes de la cadena epidemiológica.
b) Constituye el hábitat natural del agente infeccioso.
c) Los animales, el suelo y el agua también pueden ser reservorios.
d) Nunca puede coincidir en un mismo ser u objeto, reservorio y fuente de infección.

10. Los mecanismos de transmisión se definen como:

a) Los procedimientos que los agentes infecciosos utilizan para su transmisión desde la fuente de infección al huésped susceptible.
b) La capacidad de supervivencia de un agente infeccioso.
c) La vía por la que el microorganismo llega a la fuente.
d) La vía de eliminación de los microorganismos desde el reservorio.

11. La capacidad de un agente etiológico de instalarse e invadir los tejidos y producir o no la enfermedad se denomina:

a) Patogenicidad.
b) Infectividad.
c) Contagiosidad.
d) Virulencia.

12. Llamamos contagiosidad a:

a) La capacidad de un agente causal de producir una enfermedad entre los infectados.
b) Una inmunidad adquirida.
c) La capacidad del agente causal de propagarse.
d) Todas son ciertas.

13. Las infecciones nosocomiales aparecen entre:

a) Un 15 y un 25 % de los pacientes ingresados en un hospital.
b) Un 6 y un 10 % de los pacientes ingresados en un hospital.
c) Un 10 y un 20 % de los pacientes ingresados en un hospital.
d) Un 0,5 y un 2 % de los pacientes ingresados en un hospital.

14. La clasificación de las heridas quirúrgicas abarca todo menos:

a) Herida limpia.
b) Herida contaminada.
c) Herida abierta no contaminada.
d) Herida sucia o infectada.

15. Cuando hablamos de herida abierta sin presencia de pus, heridas recientes (de menos de 4 horas), nos referimos a:

a) Herida limpia.
b) Herida limpia-contaminada.
c) Herida contaminada.
d) Herida séptica o sucia.

16. En la infección nosocomial no es cierto que:

a) Es una infección que se adquiere en el hospital.
b) Aparece durante las hospitalizaciones del paciente y/o después.
c) No se hallaba presente en el momento de su hospitalización.
d) Se hallaba en periodo de incubación en el momento de admisión del enfermo en el centro.

17. La principal medida para prevenir la transmisión de infecciones por contacto directo es:

a) Esterilización de instrumentos médicos.
b) Vigilancia de los alimentos.
c) Desinfección de quirófanos.
d) Lavado de manos del profesional sanitario.

18. El uso de medios de barrera (calzas, batas, mascarilla…) utilizados por los familiares de pacientes en UCI sirven para prevenir infecciones nosocomiales pero, ¿qué eficacia tienen?

a) Grado I, eficacia probada.
b) Grado II, eficacia lógica.
c) Grado III, eficacia dudosa.
d) Grado IV, ninguna eficacia.

19. La esterilización tiene una medida de eficacia de prevención de infección nosocomial de categoría o tipo:

a) Lógica.
b) Probada.
c) De grado II.
d) Desconocida o grado I.

20. Los procedimientos de aislamiento tienen una eficacia de prevención de infección nosocomial de grado:

a) I.
b) II.
c) III.
d) IV.

En MADTEST tienes **más preguntas de este tema**, y todos tus avances quedan registrados y se reflejan en el ranking.

¡Supera tus límites con MADTEST!

Solución al test n.º 17

1. d) Las respuestas a) y c) son correctas.

2. d) Agente etiológico o causal.

3. c) Existe una vida en común entre ambos, de tal forma que los dos se benefician.

4. c) Comensalismo.

5. b) Al grado o cantidad de enfermedad que puede producir el agente causal.

6. a) Antigenicidad.

7. c) A la patogenicidad y a la virulencia.

8. c) Capacidad del agente etiológico de producir la enfermedad entre los infectados.

9. d) Nunca puede coincidir en un mismo ser u objeto, reservorio y fuente de infección.

10. a) Los procedimientos que los agentes infecciosos utilizan para su transmisión desde la fuente de infección al huésped susceptible.

11. b) Infectividad.

12. c) La capacidad del agente causal de propagarse.

13. b) Un 6 y un 10 % de los pacientes ingresados en un hospital.

14. c) Herida abierta no contaminada.

15. c) Herida contaminada.

16. d) Se hallaba en periodo de incubación en el momento de admisión del enfermo en el centro.

17. d) Lavado de manos del profesional sanitario.

18. c) Grado III, eficacia dudosa.

19. b) Probada.

20. b) II.

Normas de actuación del celador en los quirófanos. Normas de higiene.La esterilización

1. El espacio en el que se agrupan todos los quirófanos con los equipamientos y características necesarios para llevar a cabo los procedimientos quirúrgicos, se denomina:

a) Reanimación.
b) UCMA.
c) URPA.
d) Área quirúrgica o bloque quirúrgico.

2. El material que debe estar desinfectado, no siendo imprescindible su esterilización, se denomina:

a) Crítico.
b) Inventariable.
c) No crítico.
d) Semicrítico.

3. La bata rusa es:

a) La bata quirúrgica antiséptica.
b) La bata de aislamiento estricto.
c) La bata de aislamiento respiratorio.
d) La bata quirúrgica estéril.

4. ¿Cuál de las siguientes se considera zona limitada?

a) Vestuarios.
b) Almacenes.
c) Zona o pasillo limpio.
d) Sala de intervenciones.

5. Para procedimientos quirúrgicos del área rectal o coccígea, escogeremos la posición:

a) Laminectomía.
b) Lumbotomía.
c) Kraske.
d) Fowler.

6. ¿Cuál es el nombre de la banqueta pequeña utilizada para subir y bajar de la cama o para apoyar los pies desde la posición de sentados?

a) Andador.
b) Escalerilla.
c) Escabel.
d) Apoyo.

7. Al período de tiempo que transcurre desde que un paciente va a ser intervenido, se prepara la intervención, se realiza la misma y hasta que es dado de alta en el hospital, se le conoce con el nombre de:

a) Preoperatorio.
b) Perioperatorio.
c) Postoperatorio.
d) Operatorio.

8. En el área de quirófano, los celadores tienen acceso restringido a:

a) Los almacenes de aparatos.
b) Las salas de intervenciones.
c) Los antequirófanos.
d) No tienen restricción a ningún área.

9. Señala la respuesta incorrecta. ¿Qué prendas del equipo de protección individual llevará el celador al entrar al quirófano?

a) Gorro.
b) Gafas protectoras.
c) Mascarilla.
d) Calzas.

10. De los siguientes miembros, señala cuál pertenece al equipo lavados estériles:

a) Enfermera instrumentista.
b) Celador.

c) Anestesista.
d) Técnico en Cuidados Auxiliares de Enfermería.

11. ¿Quién es el encargado del transporte de concentrados de hematíes desde el banco de sangre?

a) El Técnico en Cuidados Auxiliares de Enfermería.
b) El/la Anestesiólogo/a.
c) El/la Enfermero/a circulante.
d) El/la Celador/a.

12. Señala la respuesta incorrecta. Los celadores de quirófano auxiliarán en todas aquellas tareas que les sean propias además de las que les sean ordenadas por los siguientes profesionales:

a) El personal de mantenimiento.
b) Médicos.
c) Supervisores.
d) Enfermeras.

13. El celador de quirófano debe rasurar a un enfermo en ausencia del peluquero, ¿y en qué otra circunstancia?

a) En ausencia del TCAE.
b) Si así voluntariamente se ofrece.
c) En caso de intervenciones urgentes.
d) A indicación del médico de urgencias.

14. Es la posición utilizada con más frecuencia, usándose para intervenciones de hernias, laparatomía exploradora, colecistectomía, resección intestinal y gástrica, y mastoidectomía:

a) Decúbito supino.
b) Decúbito prono.
c) Trendelenburg.
d) Roser.

15. También conocida como posición de navaja, se utiliza en cirugía de hemorroides y procedimientos del área rectal y coccígea:

a) Posición de Roser.
b) Posición de Kraske o Jackknife.
c) Posición de Laminectomía.
d) Posición de Fowler.

16. La posición llamada litotomía se corresponde con la posición:

a) Laminectomía.
b) Genupectoral.
c) Semiprona.
d) Ginecológica.

17. ¿Qué es lo primero que debe ponerse para acceder a un área estéril?

a) Los guantes.
b) Las calzas.
c) El gorro.
d) La bata.

18. La desinfección que solo es activa frente a virus lipídicos de tamaño medio, bacterias en forma vegetativa y hongos, es de:

a) Alto nivel.
b) Nivel intermedio.
c) Bajo nivel.
d) Depende de la concentración del desinfectante.

19. ¿Cuál es una de las barreras más efectivas para evitar el contacto de los microorganismos con tejidos estériles?

a) El aislamiento.
b) La piel intacta.
c) La desinfección de alto nivel.
d) La campana quirúrgica.

20. Indica cuál de las siguientes soluciones es apta para el lavado de manos quirúrgico:

a) Yodo + alcohol etílico.
b) Hexaclorofeno.
c) Hipoclorito sódico.
d) Clorhexidina.

En MADTEST tienes **más preguntas de este tema**, y todos tus avances quedan registrados y se reflejan en el ranking.

¡Supera tus límites con MADTEST!

Solución al test n.º 18

1. d) Área quirúrgica o bloque quirúrgico.

2. d) Semicrítico.

3. d) La bata quirúrgica estéril.

4. d) Sala de intervenciones.

5. c) Kraske.

6. c) Escabel.

7. b) Perioperatorio.

8. d) No tienen restricción a ningún área.

9. b) Gafas protectoras.

10. a) Enfermera instrumentista.

11. d) El/la Celador/a.

12. a) El personal de mantenimiento.

13. c) En caso de intervenciones urgentes.

14. a) Decúbito supino.

15. b) Posición de Kraske o Jackknife.

16. d) Ginecológica.

17. b) Las calzas.

18. c) Bajo nivel.

19. b) La piel intacta.

20. d) Clorhexidina.

**Actuación del celador en relación con los pacientes terminales.
Actuación del Celador en relación con los pacientes fallecidos.
Actuación en lassalas de autopsias y los mortuorios**

1. El examen realizado sobre el cadáver para confirmar las causas de la muerte se denomina:

a) Autopsia médico-forense.
b) Autopsia clínica.
c) Necropsia judicial.
d) Autopsia médico legal.

2. La doctora Kübler Ross describe la aceptación de la muerte en una serie de etapas. ¿Cuál es la primera?

a) Cólera.
b) Negociación.
c) Depresión.
d) Negación.

3. Después de realizada una autopsia, la limpieza de la mesa y de la sala de autopsias corresponde:

a) Al personal de limpieza.
b) Al celador de autopsias.
c) La mesa, al celador y la sala, al personal de limpieza.
d) La mesa, al personal de limpieza y la sala, al celador.

4. La valoración y certificación de la muerte es competencia:

a) Del personal médico.
b) Del personal sanitario no facultativo.
c) Solo del personal presente en el momento del fallecimiento.
d) Del personal médico o DUE de guardia.

5. El documento médico legal que acredita la muerte del fallecido y es impres-cindible, junto con el boletín estadístico de defunción para la inscripción de la de-función en el registro civil, se denomina:

a) Certificado estadístico de defunción.
b) Certificado médico de defunción.
c) Boletín estadístico de defunción.
d) Permiso de enterramiento.

6. El término cremación es sinónimo de:

a) Inhumación.
b) Incineración.
c) Exhumación.
d) Embalsamamiento.

7. ¿Qué define la fase de "Negación" en las etapas del duelo según Kübler-Ross?

a) Aceptación inmediata de la enfermedad.
b) Búsqueda activa de un tratamiento curativo.
c) Rechazo del diagnóstico.
d) Total entendimiento y paz con la situación.

8. ¿Qué caracteriza la etapa de "Ira" en el modelo de Kübler-Ross?

a) Sentimientos de felicidad y contento.
b) Sentimientos de rebeldía y enfado.
c) Negociación con el destino.
d) Aceptación total de la enfermedad.

9. ¿Cuál es el objetivo de la "Negociación" según Kübler-Ross?

a) Aceptar plenamente la enfermedad.
b) Experimentar ira y frustración.
c) Intentar negociar un cambio de destino.
d) Mostrar total indiferencia.

10. ¿Qué se busca con la "Depresión reactiva" en el modelo de Kübler-Ross?

a) Evitar cualquier tipo de tratamiento.
b) Enfocarse en las pérdidas del pasado.
c) Aceptar completamente la enfermedad.
d) Negociar un tratamiento alternativo.

11. ¿Qué indica la "Depresión preparatoria" en las etapas de Kübler-Ross?

a) Preparación para una cura milagrosa.
b) Preparación para la aceptación de la muerte.
c) Preparación para iniciar un nuevo tratamiento.
d) Preparación para la fase de negociación.

12. ¿Qué se considera una muerte fetal temprana según la OMS?

a) Fetos con más de 22 semanas de gestación.
b) Fetos con menos de 22 semanas de gestación y un peso superior a 500 g.
c) Fetos con menos de 22 semanas de gestación y un peso inferior a 500 g.
d) Fetos con más de 28 semanas de gestación.

13. ¿Cuál es la definición de "nacido vivo" según la OMS?

a) La expulsión completa o extracción del feto con menos de 500 g de peso.
b) La expulsión completa o extracción del feto con más de 22 semanas de gestación.
c) La expulsión completa o extracción del feto que muestra evidencia de vida después de la separación.
d) La expulsión completa o extracción del feto con más de 28 semanas de gestación.

14. ¿Cuál es la protección de barrera más importante en la sala de autopsias?

a) Batas desechables.
b) Mascarillas y gafas.
c) Guantes desechables.
d) Lavado de manos.

15. ¿Cuál de los siguientes desinfectantes se cataloga como débil y se emplea para la limpieza de heridas y para facilitar la retirada de apósitos?

a) Yodo.
b) Fenoles.
c) Agua oxigenada o peróxido de hidrógeno.
d) Formol.

16. ¿Qué desinfectante se utiliza en la actualidad para la desinfección de suelos y superficies en la sala de autopsias y presenta una triple acción: desinfectante, decolorante y desodorante?

a) Detergentes.
b) Compuestos clorados.
c) Alcoholes.
d) Biguanidas.

17. ¿Qué precauciones deben tomar las personas que accedan a la habitación donde se encuentra el cadáver con patología contagiosa antes de proceder al traslado?

a) Deben estar protegidos con una bata desechable, unos guantes y una mascarilla quirúrgica.
b) Deben estar protegidos con un delantal de caucho y zapatos cerrados resistentes.
c) Deben estar protegidos con una bata de algodón y guantes de látex.
d) No necesitan ninguna protección.

18. ¿Qué se debe hacer una vez que el cadáver esté adecuadamente colocado en la bolsa sanitaria estanca?

a) Se puede sacar sin riesgo para conservarlo en el depósito mortuorio, colocarlo en un ataúd para llevarlo al tanatorio, enviarlo al crematorio o realizar el entierro.
b) Se debe dejar en la habitación de aislamiento durante 24 horas.
c) Se debe realizar una autopsia inmediatamente.
d) Se debe dejar en la bolsa durante 14 días para asegurar que no hay riesgo de infección.

19. La vestimenta que envuelve al cadáver se denomina:

a) Óbito.
b) Sudario.
c) Pijama.
d) Tanatología.

20. Los restos cadavéricos es lo que queda del cuerpo humano una vez fallecido tras:

a) 5 años.
b) 10 años.
c) 12 meses.
d) 2 años.

En MADTEST tienes **más preguntas de este tema**, y todos tus avances quedan registrados y se reflejan en el ranking.

¡Supera tus límites con MADTEST!

Solución al test n.º 19

1. b) Autopsia clínica.

2. d) Negación.

3. b) Al celador de autopsias.

4. a) Del personal médico.

5. b) Certificado médico de defunción.

6. b) Incineración.

7. c) Rechazo del diagnóstico.

8. b) Sentimientos de rebeldía y enfado.

9. c) Intentar negociar un cambio de destino.

10. b) Enfocarse en las pérdidas del pasado.

11. b) Preparación para la aceptación de la muerte.

12. c) Fetos con menos de 22 semanas de gestación y un peso inferior a 500 g.

13. c) La expulsión completa o extracción del feto que muestra evidencia de vida después de la separación.

14. c) Guantes desechables.

15. c) Agua oxigenada o peróxido de hidrógeno.

16. b) Compuestos clorados.

17. a) Deben estar protegidos con una bata desechable, unos guantes y una mascarilla quirúrgica.

18. a) Se puede sacar sin riesgo para conservarlo en el depósito mortuorio, colocarlo en un ataúd para llevarlo al tanatorio, enviarlo al crematorio o realizar el entierro.

19. b) Sudario.

20. a) 5 años.

TEST N.º 20

Concepto de infección intra-hospitalaria. Prevención. Gestión deresiduos sanitarios. Clasificación, transporte, eliminación y tratamiento

1. Llamamos contagiosidad a:

a) La capacidad de un agente causal de producir una enfermedad entre los infectados.
b) Una inmunidad adquirida.
c) La capacidad del agente causal de propagarse.
d) Todas son ciertas.

2. Las infecciones nosocomiales aparecen entre:

a) Un 15 y un 25 % de los pacientes ingresados en un hospital.
b) Un 6 y un 10 % de los pacientes ingresados en un hospital.
c) Un 10 y un 20 % de los pacientes ingresados en un hospital.
d) Un 0,5 y un 2 % de los pacientes ingresados en un hospital.

3. La clasificación de las heridas quirúrgicas abarca todo menos:

a) Herida limpia.
b) Herida contaminada.
c) Herida abierta no contaminada.
d) Herida sucia o infectada.

4. Cuando hablamos de herida abierta sin presencia de pus, heridas recientes (de menos de 4 horas), nos referimos a:

a) Herida limpia.
b) Herida limpia-contaminada.
c) Herida contaminada.
d) Herida séptica o sucia.

5. En la infección nosocomial no es cierto que:

a) Es una infección que se adquiere en el hospital.
b) Aparece durante las hospitalizaciones del paciente y/o después.
c) No se hallaba presente en el momento de su hospitalización.
d) Se hallaba en periodo de incubación en el momento de admisión del enfermo en el centro.

6. La principal medida para prevenir la transmisión de infecciones por contacto directo es:

a) Esterilización de instrumentos médicos.
b) Vigilancia de los alimentos.
c) Desinfección de quirófanos.
d) Lavado de manos del profesional sanitario.

7. El uso de medios de barrera (calzas, batas, mascarilla…) utilizados por los familiares de pacientes en UCI sirven para prevenir infecciones nosocomiales pero, ¿qué eficacia tienen?

a) Grado I, eficacia probada.
b) Grado II, eficacia lógica.
c) Grado III, eficacia dudosa.
d) Grado IV, ninguna eficacia.

8. La esterilización tiene una medida de eficacia de prevención de infección nosocomial de categoría o tipo:

a) Lógica.
b) Probada.
c) De grado II.
d) Desconocida o grado I.

9. Los procedimientos de aislamiento tienen una eficacia de prevención de infección nosocomial de grado:

a) I.
b) II.
c) III.
d) IV.

10. Los residuos que se generan fuera de la actividad sanitaria y no precisan medidas especiales en su gestión incluyen:

a) Bioresiduos.
b) Medicamentos caducados.

c) Residuos químicos no peligrosos.
d) Restos de curas y pequeñas intervenciones.

11. ¿En qué fase del proceso de gestión de residuos ocurre uno de los mayores riesgos y se produce en su carga y descarga, así como en su transporte por el personal encargado de esa labor.?

a) En la segregación.
b) En la minimización.
c) En la manipulación.
d) En el envasado.

12. ¿Dónde deben ser recogidos los fluidos corporales, sangre y hemoderivados en forma líquida?

a) En bolsas opacas de color azul.
b) En bolsas resistentes a la rotura de color rojo con pictograma de peligro biológico.
c) En recipientes flexibles con pictograma "Residuos líquidos".
d) En recipientes de color amarillo opacos y con estanqueidad.

13. En general, el tiempo de almacenamiento de los residuos peligrosos, por parte de los productores, no podrá exceder de:

a) 6 meses.
b) 48-72 horas.
c) Un mes.
d) 3 meses.

14. ¿Qué normativa regula la gestión de residuos y el régimen jurídico de los suelos contaminados?

a) Ley 34/2007.
b) Ley 7/2022.
c) Ley 13/2012.
d) Real Decreto 952/1997.

15. ¿Qué normativa regula la gestión de los residuos humanos como cadáveres, abortos, restos quirúrgicos (ejemplo, brazo amputado)... que no sean regulados por el Reglamento de Policía Sanitaria Mortuoria?

a) Ley 34/2007.
b) Ley 7/2022.
c) Ley 13/2012.
d) Real Decreto 952/1997.

16. ¿Qué regula la Ley 34/2007, de 15 de noviembre?

a) Las emisiones a la atmósfera, calidad del aire y protección de la atmósfera.
b) La gestión de residuos urbanos y de suelos contaminados.
c) Las emisiones a los ríos, acuíferos y otras aguas continentales.
d) La gestión de residuos industriales y de suelos contaminados.

17. La aplicación de la Ley 7/2022, se lleva a cabo con los siguientes residuos, excepto los:

a) Radiactivos.
b) Urbanos.
c) Domésticos.
d) Procedentes de la limpieza de vías públicas.

18. ¿Dónde incluirías a los residuos generados por la actividad propia de los servicios de restauración y bares?

a) Residuos Domésticos.
b) Residuos Comerciales.
c) Residuos Industriales.
d) Residuos Peligrosos.

19. ¿Cómo se califica al residuo peligroso con las siglas H4?

a) Inflamable.
b) Irritante.
c) Nocivo.
d) Tóxico.

20. Los residuos peligrosos cancerígenos se designan por las siglas:

a) H5.
b) H6.
c) H7.
d) H8.

En MADTEST tienes **más preguntas de este tema**, y todos tus avances quedan registrados y se reflejan en el ranking.

¡Supera tus límites con MADTEST!

Solución al test n.º 20

1. c) La capacidad del agente causal de propagarse.

2. b) Un 6 y un 10 % de los pacientes ingresados en un hospital.

3. c) Herida abierta no contaminada.

4. c) Herida contaminada.

5. d) Se hallaba en periodo de incubación en el momento de admisión del enfermo en el centro.

6. d) Lavado de manos del profesional sanitario.

7. c) Grado III, eficacia dudosa.

8. b) Probada.

9. b) II.

10. a) Bioresiduos.

11. c) En la manipulación.

12. d) En recipientes de color amarillo opacos y con estanqueidad.

13. a) 6 meses.

14. b) Ley 7/2022.

15. b) Ley 7/2022.

16. a) Las emisiones a la atmósfera, calidad del aire y protección de la atmósfera.

17. a) Radiactivos.

18. b) Residuos Comerciales.

19. b) Irritante.

20. c) H7.

Los suministros. Suministros internos y externos. Recepción y almacenamiento de mercancías. Criterios de organización del almacén. Método FIFO. Distribución de pedidos

1. En el proceso general de suministro en una institución sanitaria, ¿cuál de las siguientes afirmaciones sobre la previsión de aprovisionamientos es correcta?

a) Es una tarea secundaria que se realiza después de la recepción de mercancías.
b) Se centra exclusivamente en productos farmacéuticos con fecha de caducidad.
c) Es el primer paso del proceso de adquisición y se orienta a prever las necesidades materiales.
d) Se realiza solo una vez al año como parte de la auditoría contable.

2. ¿Qué tipo de inventario requiere un recuento sistemático de las existencias durante todo el ejercicio con el fin de determinar el número de veces que se consume y se repone la mercancía a lo largo del año?

a) El inventario tradicional.
b) El inventario cíclico.
c) El inventario rotativo.
d) El inventario periódico o estacional.

3. No es una de las funciones propias de un celador en el Almacén General del Hospital:

a) Dispensar el material que le sea solicitado mediante un vale firmado debidamente por el solicitante.
b) Recepcionar el suministro mediante cotejo del albarán de entrega.
c) Informar al responsable del Almacén de las entradas diarias de material.
d) Vigilar las entradas y salidas del almacén.

4. ¿Qué tipo de clasificación ordena los artículos en clases «A», «B» y «C»?

a) Ley 70-30.
b) La clasificación ADR.
c) El método LIFO.
d) La clasificación de Pareto.

5. Normalmente el inventario tradicional, es decir, aquel que consiste en el recuento de los artículos del almacén, para lo cual este debe estar cerrado y todas las operaciones de entrada y salida de artículos debidamente interrumpidas, se realiza:

a) Una vez al año, generalmente al principio del año natural.
b) Una vez al año, generalmente al final del año natural.
c) Dos veces al año, generalmente al principio y a mediados del año natural.
d) Una vez por trimestre.

6. ¿Cómo se denomina el criterio de valoración de mercancías que considera que las unidades que salen del almacén son las más antiguas, según el criterio de renovación de artículos «primero en entrar, primero en salir»?

a) Pareto.
b) FIFO.
c) LIFO.
d) «ABC».

7. ¿Cuál es el primer paso en el proceso de adquisición de los suministros?

a) La planificación de adquisiciones.
b) La petición de material.
c) La previsión de aprovisionamientos.
d) El procedimiento administrativo de contratación.

8. ¿Cuál es la tarea intermedia, entre la previsión de aprovisionamientos y el procedimiento administrativo de contratación?

a) La planificación de adquisiciones.
b) La petición de material.
c) La recepción/revisión de mercancías.
d) La gestión de stock.

9. Según la clasificación de Pareto, ¿qué artículos serán los que se consumen menos y, como es lógico, tendrán una sustitución o rotación más lenta y se almacenarán en los lugares menos accesibles del almacén?

a) Los de clase «A».
b) Los de clase «B».
c) Los de clase «C».
d) Tanto los de clase «B» como los de clase «C».

10. ¿Cuál es la primera tarea que ha de llevar a cabo la Unidad de Suministros nada más recibir un pedido?

a) Emitir un dictamen de lo recepcionado.
b) Realizar un cuenteo del material.

c) Notificar la recepción a la unidad administrativa correspondiente.
d) Registrarlo.

11. ¿Cuál, seguramente, es la labor más importante de todo el sistema de suministro, ya que el buen o mal funcionamiento de la misma significará o no la disponibilidad de un stock físico fiable y de los controles que lo garanticen?

a) La recepción/revisión de mercancías-
b) El reaprovisionamiento.
c) La gestión de stock.
d) El mapa de almacén.

12. ¿En cuál de las siguientes áreas se preparan fórmulas magistrales?

a) En el Área de nutrición artificial.
b) En el Área de citostáticos.
c) En el Área de farmacotecnia.
d) En el Área de dispensación farmacológica.

13. ¿Cómo se denomina la actividad de salud pública que tiene por objetivo la identificación, cuantificación, evaluación y prevención de los riesgos del uso de los medicamentos una vez comercializados, permitiendo así el seguimiento de los posibles efectos adversos de los medicamentos:

a) Farmacovigilancia.
b) Farmacontrol.
c) Farmacoterapia.
d) Farmacosupervisión.

14. ¿Qué se puede definir como conjunto de mercancías acumuladas en espera de ser utilizadas en un tiempo relativamente corto?

a) Almacén.
b) Suministro.
c) Stock.
d) Activos.

15. ¿Cómo se denomina la zona de un almacén sanitario donde se llevan a cabo las tareas de comprobación de los paquetes y albaranes?

a) Zona de Entrada de mercancías.
b) Zona de Control de mercancías.
c) Zona de Recepción de mercancías.
d) Zona de almacén propiamente dicho.

16. ¿Cómo se denomina la modalidad de stock que permite atender a las previsiones óptimas de suministro a los consumidores y que permite una mejor rentabilidad del almacén en relación con el capital invertido en él?

a) Stock activo.
b) Stock pasivo.
c) Stock de seguridad.
d) Stock óptimo.

17. Los controles de stock se refieren:

a) Al material almacenable.
b) Al material no almacenable.
c) Al material almacenable y no almacenable.
d) Son iguales a los controles que se hacen diariamente de los albaranes.

18. Según la clasificación de Pareto los artículos almacenados que se consumen menos y por tanto su rotación es más lenta son los de la clase:

a) A.
b) B.
c) C.
d) D.

19. ¿Cómo se denomina al conjunto de operaciones que se llevan a cabo para conocer las cantidades existentes en el almacén de cada producto en un momento determinado?

a) Ficha de almacén.
b) Inventario.
c) Suministro.
d) Ficha de control de almacén y servicios.

20. ¿De qué NO dependerá la periodicidad del inventario rotatorio?

a) Dependerá de la carga de trabajo de su personal.
b) Dependerá del número de artículos almacenados.
c) Dependerá de las condiciones del almacén.
d) Dependerá de la hora a la que se lleve a cabo.

En MADTEST tienes **más preguntas de este tema**, y todos tus avances quedan registrados y se reflejan en el ranking.

¡Supera tus límites con MADTEST!

Solución al test n.º 21

1. c) Es el primer paso del proceso de adquisición y se orienta a prever las necesidades materiales.

2. c) El inventario rotativo.

3. a) Dispensar el material que le sea solicitado mediante un vale firmado debidamente por el solicitante.

4. d) La clasificación de Pareto.

5. b) Una vez al año, generalmente al final del año natural.

6. b) FIFO.

7. c) La previsión de aprovisionamientos.

8. a) La planificación de adquisiciones.

9. c) Los de clase «C».

10. d) Registrarlo.

11. c) La gestión de stock.

12. c) En el Área de farmacotecnia.

13. a) Farmacovigilancia.

14. c) Stock.

15. c) Zona de Recepción de mercancías.

16. d) Stock óptimo.

17. a) Al material almacenable.

18. c) C.

19. b) Inventario.

20. d) Dependerá de la hora a la que se lleve a cabo.

Actitudes a adoptar ante una emergencia: Métodos de traslado, actuación de los celadores en un plan de catástrofes

1. La distribución de los extintores de incendio será tal que el recorrido máximo horizontal, desde cualquier punto del sector de incendio, que deba ser considerado origen de evacuación, hasta el extintor, no supere:

a) 30 m.
b) 20 m.
c) 15 m.
d) 10 m.

2. Según la norma UNE-EN 2, ¿qué clase de agente extintor debemos utilizar en los fuegos derivados de la utilización de ingredientes para cocinar (aceites y grasas vegetales o animales) en los aparatos de cocina?

a) Clase F.
b) Clase B.
c) Clase C.
d) Clase A.

3. Los extintores móviles están diseñados para ser transportados y accionados a mano, están montados sobre ruedas y tienen una masa total de:

a) 20 kg.
b) Inferior a 20 kg.
c) Más de 20 kg.
d) Igual o inferior a 20 kg.

4. Señala la respuesta correcta respecto de los sistemas de bocas de incendio equipadas (BIE):

a) Se situarán siempre a una distancia máxima de 5 m de las salidas del sector de incendio, medida sobre un recorrido de evacuación, sin que constituyan obstáculo para su utilización.

b) Para las BIE con manguera semirrígida o manguera plana, la separación máxima entre cada BIE y su más cercana será de 30 m.

c) Para facilitar su manejo, la longitud máxima de la manguera de las BIE con manguera plana será de 30 m y con manguera semirrígida será de 20 m.

d) La longitud máxima de las mangueras que se utilicen en estas BIE de alta presión será de 50 m.

5. A la hora de hacer uso de un extintor de incendios portátil debemos:

a) Dirigir el chorro a las llamas, nunca a su base.

b) En caso de espacios abiertos acercarse al fuego en la dirección contraria del viento.

c) Antes de dirigir el chorro a la zona en llamas, realizar una pequeña descarga de comprobación de salida del agente extintor.

d) Acercarse al fuego dejando como mínimo cinco metros de distancia hasta él.

6. ¿Cuál es la forma de las señales de advertencia (materiales inflamables, materias radiactivas, etc.)?

a) Rectangular.
b) Triangular.
c) Redonda.
d) Cuadrada.

7. ¿A quién corresponde elegir el método de traslado de los enfermos?

a) Al personal de extinción de incendios.
b) Al o a la supervisor/a de la Unidad, en todo caso.
c) Al facultativo responsable de la Unidad.
d) A los/las celadores/as.

8. ¿Cuántos celadores/as para cada montacamas se destinarán para la utilización del mismo desde el interior en caso de alerta?

a) Uno/una.
b) Dos.
c) Tres.
d) Cuatro.

9. ¿Quién designa al director del Plan de Actuación en Emergencias como persona responsable única, con autoridad y capacidad de gestión?

a) La Administración Pública competente para otorgar la licencia o permiso determinante para la explotación o inicio de la actividad.

b) El titular de la actividad.

c) Un técnico especializado en emergencias.

d) El Centro de Coordinación de Atención de Emergencias de Protección Civil.

10. ¿Qué método de traslado de enfermos está indicado cuando hay mucho humo pero es imposible utilizar en evacuación vertical?

a) Por arrastre directo.
b) Por arrastre por colchón.
c) Por levantamiento.
d) Por arrastre con silla.

11. ¿Ante qué tipo de señal nos encontraremos si tiene forma rectangular o cuadrada, con un pictograma blanco sobre fondo verde?

a) Ante una señal de prohibición.
b) Ante una señal de socorro o salvamento.
c) Ante una señal de advertencia.
d) Ante una señal de obligación.

12. ¿Qué método de traslado de enfermos es seguro y confortable para los pacientes pero muy lento y complicado, necesita que las vías de evacuación sean amplias y se necesita un gran esfuerzo físico?

a) Por arrastre directo.
b) Por arrastre por colchón.
c) Por levantamiento.
d) Por arrastre con silla.

13. Aunque pueden formar más de un equipo cuando las circunstancias de amplitud del establecimiento lo requieran (tiempos de intervención demasiado dilatados, etc.), la composición mínima del Equipo de Segunda Intervención debe ser de:

a) Dos personas.
b) Tres personas.
c) Nunca inferior a cinco personas.
d) Al menos seis personas.

14. ¿Cómo se denomina la concatenación de efectos causantes de riesgo que multiplican las consecuencias, debido a que los fenómenos peligrosos pueden afectar, además de los elementos vulnerables exteriores, otros recipientes, tuberías, equipos o instalaciones del mismo establecimiento o de otros próximos, de tal manera que a su vez provoquen nuevos fenómenos peligrosos?

a) Efecto contagio.
b) Concatenación automática o explosiva.

c) Efecto dominó.
d) Efecto cadena.

15. ¿Mediante qué marcado el fabricante indica que el producto es conforme a todos los requisitos aplicables establecidos en la legislación comunitaria y armonización que prevé su colocación?

a) Marcado UE.
b) Marcado CEE.
c) Marcado EEE.
d) Marcado CE.

16. ¿Ante qué tipo de señal nos encontraremos si tiene forma redonda, con un pictograma negro sobre fondo blanco, bordes y banda rojos?

a) Ante una señal de prohibición.
b) Ante una señal de socorro o salvamento.
c) Ante una señal de advertencia.
d) Ante una señal de obligación.

17. El Plan de Autoprotección se mantendrá adecuadamente actualizado, y se revisará, al menos, con una periodicidad no superior a:

a) Diez años.
b) Cinco años.
c) Tres años.
d) Dos años.

18. ¿Qué vigencia tendrán los Planes de Autoprotección?

a) Máximo diez años.
b) Cinco años máximo.
c) Tres años.
d) Indeterminada.

19. ¿A quién le corresponde designar en el Plan de Autoprotección a la persona responsable de la gestión de las actuaciones encaminadas a la prevención y el control de riesgos?

a) Al titular de la actividad.
b) A un técnico en la materia.
c) A las autoridades competentes de Protección Civil.
d) A la Administración Pública competente para otorgar la licencia o permiso determinante para la explotación o inicio de la actividad.

20. ¿Cuál es el método para el traslado de los enfermos más rápido, ya que no requiere excesivo esfuerzo y es fácil de aplicar?

a) Por arrastre con silla.
b) Por arrastre directo.
c) Por arrastre por colchón.
d) Por levantamiento.

Solución al test n.º 22

1. c) 15 m.

2. a) Clase F.

3. c) Más de 20 kg.

4. a) Se situarán siempre a una distancia máxima de 5 m de las salidas del sector de incendio, medida sobre un recorrido de evacuación, sin que constituyan obstáculo para su utilización.

5. c) Antes de dirigir el chorro a la zona en llamas, realizar una pequeña descarga de comprobación de salida del agente extintor.

6. b) Triangular.

7. c) Al facultativo responsable de la Unidad.

8. a) Uno/una.

9. b) El titular de la actividad.

10. a) Por arrastre directo.

11. b) Ante una señal de socorro o salvamento.

12. b) Por arrastre por colchón.

13. b) Tres personas.

14. c) Efecto dominó.

15. d) Marcado CE.

16. a) Ante una señal de prohibición.

17. c) Tres años.

18. d) Indeterminada.

19. a) Al titular de la actividad.

20. d) Por levantamiento.

Prevención de riesgos laborales en el profesional no sanitario. Riesgos en seguridad, higiénicos, ergonómicos, psicosociales y organizativos

1. Todo lo que se expone de las condiciones físico-ambientales del trabajo en relación con el local donde se va a realizar es cierto, excepto que:

a) Debe estudiarse la composición de los materiales de construcción, equipamiento y decoración.

b) Es importante hacer un estudio de la orientación espacial, las vías de acceso y salida, así como la distribución y organización de los espacios y equipamientos.

c) Debe estudiarse su diseño minuciosamente, previamente a la construcción del edificio, para evitar problemas por una inadecuada estructura.

d) Debe contemplarse la idea de incluir en la medida de lo posible materiales fácilmente combustibles.

2. ¿Qué consideras falso respecto de la aireación natural en un local de trabajo?

a) Tiene el inconveniente de que dicho local está sometido a cambios bruscos de temperatura.

b) Con ella no se garantiza una temperatura más o menos constante a lo largo de todo el año.

c) En los casos de ambientes contaminados, nunca contribuyen a extender la contaminación.

d) Genera corrientes.

3. ¿Qué método se emplea para eliminar o paliar los olores desagradables en el ambiente de trabajo, especialmente en algunos tipos de industrias?

a) Aireación.

b) Absorción de los mismos por carbón activo.

c) Filtración laminar.

d) Aireación y absorción de los mismos por carbón activo.

4. ¿De qué se dice que «es aquel en el que la producción de calor metabólico está en equilibrio con las pérdidas de calor orgánico (por convección e irradiación), las pérdidas de calor respiratorio y la transpiración insensible»?

a) Del ambiente térmico fisiológico.
b) Del ambiente térmico neutro.
c) Del ambiente térmico físico-químico.
d) Nada de lo anterior es cierto.

5. ¿Qué temperatura aproximada debe existir por normativa en los locales de trabajo cerrado donde se realicen trabajos sedentarios, propios de oficinas o similares?

a) Entre 5 y 15 ºC.
b) Entre 10 y 20 ºC.
c) Entre 17 y 27 ºC.
d) Entre 25 y 35 ºC.

6. ¿Qué humedad relativa aproximada debe existir por normativa en los locales de trabajo cerrado, sin tener en cuenta aquellos locales donde existan riesgos por electricidad estática?

a) Entre el 10 y el 30 %.
b) Entre el 30 y el 70 %.
c) Mayor del 75 %.
d) Menor al 50 %.

7. ¿A qué se define, del sonido, como la sensación auditiva que va asociada a la frecuencia de los sonidos y se refiere a la altura del ruido?

a) A la potencia.
b) Al tono.
c) A la intensidad.
d) Al timbre.

8. ¿Qué parámetro del sonido se mide en caso de sospecha de contaminación acústica?

a) Potencia.
b) Tono.
c) Intensidad.
d) Timbre.

9. ¿Cuál es la unidad más empleada en medicina del trabajo respecto al ambiente sonoro, si queremos evaluar la existencia o no de contaminación acústica?

a) Lumen.
b) Son.

c) Decibelio.
d) metro/segundo.

10. ¿Cuál es la cota de alerta (en dB) para una exposición permanente de 40 h de nivel de ruidos en un ambiente laboral?

a) 25 dB.
b) 45 dB.
c) 65 dB.
d) 85 dB.

11. ¿Qué nivel máximo de intensidad acústica (en dB) como edificio público y características propias de trabajo poseen los hospitales?

a) 25 dB.
b) 45 dB.
c) 65 dB.
d) 85 dB.

12. ¿Qué nivel de decibelios se considera aceptable durante el día?

a) 25 dB.
b) 45 dB.
c) 65 dB.
d) 85 dB.

13. En la iluminación artificial directa:

a) El 90-100 % del flujo de luz se dirige hacia abajo y el 0-10 % hacia arriba.
b) El 70-90 % del flujo de luz se dirige hacia abajo y el 10-30 % hacia arriba.
c) El 50-70 % del flujo de luz se dirige hacia abajo y el 30-50 % hacia arriba.
d) El 30-50 % del flujo de luz se dirige hacia abajo y el 50-70 % hacia arriba.

14. ¿Qué nivel mínimo de iluminación (en luxes) es necesario que exista en los locales de uso habitual en el lugar de trabajo?

a) 100 lx.
b) 200 lx.
c) 500 lx.
d) 1000 lx.

15. ¿Qué se define exactamente como los movimientos rápidos y ruidosos de intensidad variable?

a) Los sonidos.
b) Los ruidos.
c) Las vibraciones.
d) Nada es cierto.

16. ¿En qué zonas anatómicas son frecuentes las lesiones por vibraciones en los trabajadores que emplean martillo neumático?

a) En manos.
b) En pies.
c) En brazos.
d) En rodillas.

17. ¿Qué radiación de estas es electromagnética?

a) Luz visible.
b) Radiación alfa.
c) Radiación beta.
d) Son todas electromagnéticas.

18. ¿Cómo se denomina el aparato empleado para medir el poder calorífico de la radiación electromagnética?

a) Heliómetro.
b) Termómetro.
c) Teletermógrafo.
d) Actinómetro.

19. ¿Qué radiaciones electromagnéticas de estas consideras ionizante?

a) Radiaciones Y e infrarroja.
b) Radiaciones X y gamma.
c) Radiaciones alfa y beta.
d) Radiaciones alfa e infrarroja.

20. ¿Qué lesiones son las más frecuentes producidas en el aparato reproductor de los adultos por efecto de las radiaciones ionizantes?

a) Alteraciones de la fertilidad (superfertilidad).
b) Alteraciones somáticas en caso de embarazo, por afectación de las células germinales de los cónyuges.
c) Alteraciones de las defensas orgánicas.
d) Alteraciones de la fertilidad (infertilidad o esterilidad) y alteraciones genéticas en caso de embarazo (por afectación de las células germinales de los cónyuges).

Solución al test n.º 23

1. d) Debe contemplarse la idea de incluir en la medida de lo posible materiales fácilmente combustibles.

2. c) En los casos de ambientes contaminados, nunca contribuyen a extender la contaminación.

3. d) Aireación y absorción de los mismos por carbón activo.

4. b) Del ambiente térmico neutro.

5. c) Entre 17 y 27 ºC.

6. b) Entre el 30 y el 70 %.

7. b) Al tono.

8. c) Intensidad.

9. c) Decibelio.

10. d) 85 dB.

11. a) 25 dB.

12. c) 65 dB.

13. a) El 90-100 % del flujo de luz se dirige hacia abajo y el 0-10 % hacia arriba.

14. a) 100 lx.

15. c) Las vibraciones.

16. a) En manos.

17. a) Luz visible.

18. d) Actinómetro.

19. b) Radiaciones X y gamma.

20. d) Alteraciones de la fertilidad (infertilidad o esterilidad) y alteraciones genéticas en caso de embarazo (por afectación de las células germinales de los cónyuges).

TEST N.º 24

Nociones informáticas: el ordenador, dispositivos centrales y periféricos. El microprocesador. Soportes informáticos. Los sistemas operativos más frecuentes. Sus elementos comunes. Comandos básicos. Administrador de archivos. Administrador de impresión. Impresoras

1. Indica cuál de los siguientes elementos se considera Hardware Básico:

a) CPU.
b) Tarjeta Wifi.
c) DVD.
d) Ninguna de las anteriores.

2. ¿Cuál de los siguientes elementos se puede considerar como Dispositivo de Entrada/Salida bidireccional?

a) Monitor.
b) Tarjeta de red.
c) Teclado.
d) Impresora.

3. Completar la frase. Los datos ………….. se obtienen del procesador, tras el procesamiento de los datos de entrada:

a) Salida.
b) Finales.
c) Intermedios.
d) Interiores.

4. El principio en relación a los datos e información en un sistema que indica que todos los datos necesarios para generar la información estén disponibles se denomina:

a) Integridad.
b) Encriptación.
c) Unidad.
d) Ninguna de las anteriores.

5. El CD óptico tiene una capacidad de almacenamiento aproximada de:

a) 4 GB.
b) 1 TB.
c) 4.7 GB.
d) 700 MB.

6. La diferencia fundamental entre un disco duro tradicional y un SSD estriba en que:

a) El SSD es más rápido.
b) El SSD no dispone de cabezales.
c) El disco duro dispone de mayor capacidad de almacenamiento.
d) Todas son correctas.

7. ¿El formato de archivos ext2 es típico de que Sistema Operativo?

a) Windows.
b) Linux.
c) Mac.
d) Ninguna es correcta.

8. ¿Qué unidad de almacenamiento de datos es mayor?

a) TeraByte.
b) KiloByte.
c) MegaByte.
d) GigaByte.

9. El virus que hace cada vez más lento e inoperativo al PC infectado se denomina:

a) Gusano.
b) Troyano.
c) Zombie.
d) Ninguna de las anteriores.

10. ¿Cuál de los siguientes términos NO se refiere a un algoritmo de cifrado?

a) WEP.
b) TKIP.
c) Spam.
d) WPA.

11. ¿Cuál de los siguientes elementos NO es un periférico?

a) Teclado.
b) Ratón.
c) Monitor.
d) Memoria RAM.

12. El tipo de ordenador específicamente diseñado para funcionar 24 horas durante los 7 días de la semana se denomina:

a) Portátil.
b) Servidor.
c) PC.
d) Ninguna de las anteriores.

13. La tecnología de CPU consistente en usar instrucciones simples se denomina:

a) RISC.
b) CISC.
c) DISK.
d) TISK.

14. ¿Qué tipo de memoria se utiliza para albergar la BIOS de un ordenador?

a) RAM.
b) SSD.
c) ROM.
d) Flash.

15. Si la imagen de un monitor muestra colores muy difusos es posible que el problema que tenga es que:

a) Esté imantado.
b) La frecuencia de refresco no es correcta.
c) La resolución no es adecuada.
d) Ninguna de las anteriores.

16. ¿Cuál de los siguientes dispositivos se considera hardware básico?

a) Grabadora de DVD.
b) CPU.
c) Tarjeta gráfica.
d) Disco duro.

17. ¿Qué tipo de memoria se borra al apagar el ordenador?

a) ROM.
b) Flash.
c) RAM.
d) Disco duro.

18. ¿Qué puerto de conexión es característico por alcanzar hasta 120 Gb/s y su-ministrar 240 W de potencia?

a) USB 3.0.
b) Firewire.
c) HDMI.
d) Thunderbolt 5.

19. ¿Cuál de los siguientes es un periférico de entrada?

a) Teclado.
b) Monitor.
c) Impresora.
d) Tarjeta gráfica.

20. ¿Qué unidad representa la capacidad de almacenamiento estándar y está formada por 8 bits?

a) Bit.
b) Kilobyte.
c) Byte.
d) Gigabyte.

Solución al test n.º 24

1. a) CPU.

2. b) Tarjeta de red.

3. a) Salida.

4. a) Integridad.

5. d) 700 MB.

6. d) Todas son correctas.

7. b) Linux.

8. a) TeraByte.

9. a) Gusano.

10. c) Spam.

11. d) Memoria RAM.

12. b) Servidor.

13. a) RISC.

14. c) ROM.

15. a) Esté imantado.

16. .b) CPU.

17. c) RAM.

18. d) Thunderbolt 5.

19. a) Teclado.

20. c) Byte.

Cómo acceder al Curso

Celador/a
Test del temario

El uso de los códigos **es exclusivo de los compradores de los productos de Editorial MAD**. Cada producto posee un código único y de un solo uso. Es personal e intransferible y da acceso a servicios y contenidos adicionales. Editorial MAD se reserva el derecho de hacer cuantas comprobaciones sean necesarias para identificar al legítimo poseedor del código y dejar de dar servicio a quien haga uso fraudulento del mismo, además de emprender cuantas acciones legales estime oportunas según la legislación vigente.

Deberás acceder a:

mad.es/registro-campus

Si una vez aceptadas las condiciones de uso del Campus decides hacer uso del mismo, necesitarás del siguiente código de acceso junto con los códigos del resto de títulos que se exigen (si fuera el caso):

NEDTGJZHS9